U0085032

序 言

　　指定科目考試化學科已有十年的歷史，並考驗同學們可否具備化學知識、推理思考的能力、實驗或實作技能、與他人溝通的能力、態度、興趣與鑑賞等成果。要在指考化學科上奪得高分，勢必**熟悉歷屆指考題型**，探尋命題軌跡，以收事半功倍之效。依據大考中心命題原則，化學科的命題原則為：物質的構造、物質的狀態、物質的變化、物質的性質等四大主題。儘管每年考題重點不盡相同，但經過十年的累積，複習每年不同的考題重點，便可全力以赴指考化學。

　　本書彙集 91～100 年指定科目考試化學科試題與詳解，彙編成「**歷屆指考化學科試題詳解**」。每份試題都極具代表性，命題教授出題的目的在於，測驗考生是否瞭解化學考科的基本知識，及具備學習化學考科的實力。

　　本書編校製作過程嚴謹，但仍恐有缺失處，尚祈各界先進不吝來函指正為荷。

編者 謹識

CONTENTS

100 年大學入學指定科目考試試題
化學考科

說明：下列資料，可供回答問題之參考

一、元素週期表（1～36 號元素）

1 H 1.0																	2 He 4.0
3 Li 6.9	4 Be 9.0											5 B 10.8	6 C 12.0	7 N 14.0	8 O 16.0	9 F 19.0	10 Ne 20.2
11 Na 23.0	12 Mg 24.3											13 Al 27.0	14 Si 28.1	15 P 31.0	16 S 32.1	17 Cl 35.5	18 Ar 40.0
19 K 39.1	20 Ca 40.1	21 Sc 45.0	22 Ti 47.9	23 V 50.9	24 Cr 52.0	25 Mn 54.9	26 Fe 55.8	27 Co 58.9	28 Ni 58.7	29 Cu 63.5	30 Zn 65.4	31 Ga 69.7	32 Ge 72.6	33 As 74.9	34 Se 79.0	35 Br 79.9	36 Kr 83.8

二、理想氣體常數 $R = 0.08205$ L atm $K^{-1}mol^{-1} = 8.31$ J $K^{-1}mol^{-1}$

三、氯的同位素（在自然界中含量百分率）：$^{35}Cl\,(75\%)$，$^{37}Cl\,(25\%)$

四、1 法拉第＝96500 庫侖

五、$\log_{10}2=0.301$

第壹部分：選擇題（佔 80 分）

一、 單選題（36 分）

說明：第 1 題至第 12 題，每題 5 個選項，其中只有一個是最適當的選項，畫記在答案卡之「選擇題答案區」。各題答對得 3 分，未作答、答錯、或畫記多於 1 個選項者，該題以零分計算。

1-2題為題組

黑火藥爆炸的反應式（係數未平衡）如下：

$$KNO_{3(s)} + C_{(s)} + S_{(s)} \xrightarrow{\text{點燃}} K_2S_{(s)} + N_{2(g)} + 3X_{(g)} \qquad （1）$$

1. 試問下列哪一化合物是式（1）中的X？
   (A) CO   (B) CO_2 (C) NO   (D) NO_2 (E) SO_2

2. 式（1）中的物質，哪一原子扮演還原劑的角色？
   (A) K   (B) N   (C) O   (D) C   (E) S

3. 若壓力不變，溫度由 27℃ 升高為 327℃ 時，理想氣體分子間的平均距離會增為原來的幾倍？
   (A) 1.26   (B) 1.41   (C) 1.73   (D) 1.85   (E) 2.00

4. 下列有關某元素 $_{28}^{58}X$ 的敘述，何者正確？
   (A) 質子數為 30
   (B) 價層電子數為 8
   (C) 核心電子組態為 [Ne]
   (D) 為第二列元素
   (E) 其在化合物中最常見的氧化數為 +2

5. 四種有機化合物甲、乙、丙、丁的分子量、偶極矩及沸點如下表所示：

化合物	分子量	偶極矩（Debye）	沸點（℃）
甲	44	2.7	21
乙	44	0.1	-42
丙	46	1.3	-25
丁	46	1.69	78

試問下列何者為甲、乙、丙、丁四種化合物的正確排列順序？

(A) 二甲醚，丙烷，乙醇，乙醛

(B) 丙烷，乙醛，二甲醚，乙醇

(C) 二甲醚，乙醇，乙醛，丙烷

(D) 乙醇，乙醛，丙烷，二甲醚

(E) 乙醛，丙烷，二甲醚，乙醇

6. 過錳酸鉀是強氧化劑，在酸性條件下，紫色的過錳酸鉀會被還原成幾近無色的錳 (II) 離子。下列何者是在製備酸性過錳酸鉀溶液時，最常使用的酸？

(A) HF　　(B) HNO_3　(C) $HClO_4$　(D) H_2SO_4　(E) $H_2S_2O_3$

7. 已知某含溴的甲苯衍生物，分子式為 $C_7H_6Br_2$，其中兩個溴原子皆位於苯環上，試問此衍生物可能有幾個異構物？

(A) 3　　　(B) 4　　　(C) 5　　　(D) 6　　　(E) 7

8. 氫分子解離時可形成氫原子，氫原子中的部分能階如圖 1 所示。圖 2 為氫原子被激發時所顯現的光譜。

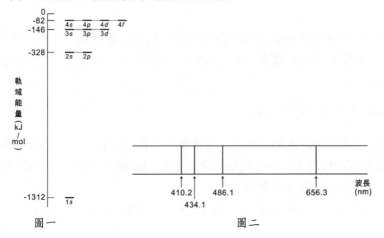

圖一　　　　　　　　　　圖二

試問圖 2 中的 656.3 奈米的譜線是經過下列何種能階躍遷所產生的？

(A) $n = 4 \rightarrow n = 1$　　　　　(B) $n = 4 \rightarrow n = 3$

(C) $n = 3 \rightarrow n = 2$　　　　　(D) $n = 3 \rightarrow n = 1$

(E) $n = 2 \rightarrow n = 1$

9. 下列哪一選項中的各個化合物，溶於水後皆呈鹼性？

(A) NH_4Cl、$Cu(NO_3)_2$、C_2H_5OH

(B) NH_4Cl、KCl、$NaHCO_3$

(C) $Cu(NO_3)_2$、NaF、C_2H_5OH

(D) NaF、K_2CO_3、$NaHCO_3$

(E) KCl、$Cu(NO_3)_2$、K_2CO_3

10. 奈米碳管的電子傳輸效果佳，可用於導電材料。有一奈米碳管，由 180 個碳原子組成，且其兩端皆封閉。若將一莫耳的碳－碳雙鍵進行氫化，會釋放出約 80 仟卡的熱量。試問若將一個奈米 C_{180} 碳管完全氫化，產生 $C_{180}H_{180}$ 的產物，約可釋出多少卡的熱量？

(A) 10^{-23}　　(B) 10^{-20}　　(C) 10^{-17}　　(D) 10^3　　(E) 10^6

11. 目前手機多以鋰離子電池作為電源，其中石墨為負極，進行充電時，需要 6 莫耳碳與 1 莫耳鋰離子才能儲存 1 莫耳電子，反應式如下：

$$6C + Li^+ + e^- \underset{\text{放電}}{\overset{\text{充電}}{\rightleftharpoons}} LiC_6$$

假設某一手機連續通話 3.0 小時後，其電能才會耗盡。若通話時的平均電流值為 0.30 安培，則該手機的鋰離子電池中至少約需幾克石墨（最接近的數值）？

(A) 14　　　(B) 2.4　　　(C) 1.5　　　(D) 0.24　　　(E) 0.15

12. 在固定溫度與體積時，於密閉系統中進行下列反應且也達到平衡：

$$H_{2(g)} + I_{2(g)} \rightleftharpoons 2\,HI_{(g)}$$

若所有的氣體均符合理想氣體的條件，而加入少量的 $Ar_{(g)}$ 使系統的總壓力大，則下列敘述何者正確？

(A) 加入 $Ar_{(g)}$ 後，各反應物的濃度不變
(B) 當再加入更多的 $Ar_{(g)}$ 後，達到平衡時會產生更多的 $HI_{(g)}$
(C) 反應會向左進行而達到平衡
(D) 反應的平衡常數會變大
(E) 　$Ar_{(g)}$ 會參與反應

二、多選題（44 分）

說明：第 13 題至第 23 題，每題有 5 個選項，其中至少有 1 個是正確的選項，選出正確選項畫記在答案卡之「選擇題答案區」。各題之選項獨立判定，所有選項均答對者，得 4 分；答錯 1 個選項者，得 2.4 分，答錯 2 個選項者，得 0.8 分，所有選項均未作答或答錯多於 2 個選項者，該題以零分計算。

13. 今年（西元 2011 年 3 月 11 日）在日本東北地區發生芮氏規模 9.0 大地震，並引發大海嘯，導致福島核電廠受損，放射性物質碘-131 外洩。碘-131 放射強度的半衰期為8天。試問下列有關碘-131 的敘述，哪些正確？

(A) 碘-131 在人體內，最容易累積在肺部
(B) 碘-131 的原子核內，中子數比質子數多出 25 個
(C) 在化合物中的碘-131，加硝酸銀溶液使其產生沉澱，就可消除其放射性
(D) 碘-131 經 80 天後，其放射性強度就減弱約為原來的千分之一
(E) 含有碘-131 的氣體化合物，若不考慮氣流等影響，則該氣體分布範圍由 1 公里擴散至 10 公里時，其平均濃度會減成約為千分之一

14. 下列反應哪些可產生氫氣？
    (A) 鋅與稀鹽酸反應
    (B) 碳酸鈉與鹽酸反應
    (C) 電解稀硫酸水溶液
    (D) 大理石和稀鹽酸反應
    (E) 水蒸氣通過炙熱的焦煤

15. 下列錯合物中，哪些中心金屬離子為 +2 價，且其配位環境是平面四邊形？（原子序：Ni、Pd、Pt 分別為 28、46、78）
    (A) $[Ag(NH_3)_2]^+$
    (B) $[Zn(NH_3)_4]^{2+}$
    (C) $[Pd(NH_3)_4]^{2+}$
    (D) $[Pt(NH_3)_2Cl_2]$
    (E) $[Ni(CN)_4]^{2-}$

16. 過氧化氫的分解反應如式 (1)，其反應的活化能（E_a）為 17.9 kcal/mol，反應熱（ΔH）為 –23.4 kcal/mol

    $$2H_2O_{2(aq)} \rightarrow O_{2(g)} + 2H_2O_{(l)} \tag{1}$$

    實驗發現加入碘離子可有效加速過氧化氫的分解，其反應機構如下：

    $$H_2O_{2(aq)} + I^-_{(aq)} \rightarrow H_2O_{(l)} + IO^-_{(aq)} \quad (慢) \tag{2}$$

    $$IO^-_{(aq)} + H_2O_{2(aq)} \rightarrow O_{2(g)} + H_2O_{(l)} + I^-_{(aq)} \quad (快) \tag{3}$$

    而此時的活化能為 $E_a{}'$，反應熱為 $\Delta H'$。
    試問下列有關此反應的敘述，哪些正確？
    (A) 速率決定步驟的反應速率 $= k[H_2O_2][I^-]$
    (B) 加入催化劑的總反應式與反應式 (1) 相同
    (C) $E_a{}' = 17.9$ kcal/mol　　$\Delta H' = -23.4$ kcal/mol
    (D) $E_a{}' < 17.9$ kcal/mol　　$\Delta H' = -23.4$ kcal/mol
    (E) $E_a{}' = 17.9$ kcal/mol　　$\Delta H' < -23.4$ kcal/mol

17. 資源回收是配合永續發展的必要工作，標示有回收標誌❖之廢容器，皆應回收。常見的七大塑膠標示如下表所示：

回收標誌❖	名稱
①	聚對苯二甲酸乙烯酯（PET）
②	高密度聚乙烯（HDPE）
③	聚氯乙烯（PVC）
④	低密度聚乙烯（LDPE）
⑤	聚丙烯（PP）
⑥	聚苯乙烯（PS）
⑦	其它類

下列敘述哪些正確？

(A) 標示有①之塑膠容器可作為碳酸飲料瓶

(B) 標示②與標示④的塑膠材料是用不同的單體聚合而成

(C) 標示③之塑膠容器，燃燒時可能會產生具有毒性的戴奧辛

(D) 標示⑤之塑膠容器屬於熱塑性塑膠

(E) 標示⑥之塑膠容器，主要是由苯與乙烯兩種單體聚合而成

18. 實驗桌上有五支標明 1-5 的試管，含有未知成分的溶液，只知其可能為氯化鈉溶液、溴化鈉溶液、碘化鈉溶液、乙醇的正己烷溶液、乙炔的正己烷溶液。某生進行實驗測試，以「＋」表示有反應發生，「－」表示沒有反應，空白為未測試，得到的結果歸納如下表。

測試＼試管	1	2	3	4	5
$AgNO_{3(aq)}$	＋	－	＋	＋	－
$MnO_{2(s)}$	＋		＋	＋	
$Cl_{2(aq)}$	－		＋	＋	
Br_2 / CCl_4	－	－		＋	＋
$KMnO_4 / OH^-$	＋	＋	＋	＋	＋

下列有關測試結果的敘述，哪些正確？

(A) 試管 1、3 與 4 中，可能含有鹵素鹽類

(B) 試管 3 最可能是氯化鈉溶液

(C) 試管 2 最可能是乙炔溶液

(D) 試管 4 與 $AgNO_{3(aq)}$ 作用會生成白色的沉澱

(E) 試管 5 的化合物可使 $KMnO_4/OH^-$ 的溶液褪色

19. 在進行某熔點約在 200～220℃ 之間的有機
    化合物熔點測定時，其實驗裝置如圖 3 所
    示。下列有關此實驗的敘述，哪些正確？

    (A) 若實驗室無矽油時，可用沙拉油代替

    (B) 若物質的純度愈高，則所測得的熔點
    溫度範圍愈小

    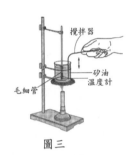
    圖三

    (C) 於簡易熔點測定裝置中，若無攪拌器，則可使用溫度計來攪拌

    (D) 毛細管中填充的樣品粉末，即使緊密程度不同，仍可測得數
    值相同的熔點

    (E) 實驗剩餘的化合物，即使可溶於水，也不可將其直接倒入水槽

20. 在縫合傷口時，若使用生物可分解的
    縫線，則在癒合後不需拆線。一般常
    用的可分解縫線材質，其結構如右：
    下列有關此聚合物的敘述，哪些正確？

    (A) 此聚合物為聚酯類化合物

    (B) 此聚合物是由單體以加成反應聚合而成

    (C) 此縫線材質含有不同分子量的聚合物

    (D) 聚合物的構成單元間是以醚基連結，所以容易在生物體內被
    酵素分解

    (E) 構成此聚合物的單體均含有兩個官能基

21. 十九世紀，瑞士巴塞爾大學化學教授熊班（C. F. Schonbein），
　　在廚房進行化學實驗時，不慎打翻一瓶硝酸與硫酸的混合溶液。
　　情急之下，熊班拿起棉製圍裙擦拭桌上的傾倒液，隨後將圍裙置
　　於壁爐上烘乾，不料圍裙竟然在烘乾後自燃，且幾乎完全燒光。
　　試問下列敘述哪些正確？
　　(A) 圍裙在烘乾後自燃，是因為有不穩定的硝化纖維生成
　　(B) 棉製圍裙主要成份的化學式為 $(C_6H_{12}O_6)_n$
　　(C) 此硝酸與硫酸的混合溶液即為王水
　　(D) 棉製圍裙的主要成份屬多醣類
　　(E) 硫酸能使棉製圍裙脫水

22. 在 2010 年，諾貝爾獎頒給發現及開創研究石墨烯的科學家，石
　　墨烯是個單層的石墨。下列有關石墨烯的敘述，哪些正確？
　　(A) 石墨烯中的碳具有 sp^2 混成軌域
　　(B) 石墨烯與石墨具有相似的機械強度
　　(C) 石墨烯與石墨具有相似的不透明黑色
　　(D) 石墨烯中的碳－碳鍵序（鍵數）介於單鍵與雙鍵之間
　　(E) 石墨烯只具有單原子層，所以是不導電的分子

23. 為紀念居里夫人發現鐳（Ra）元素，並獲諾貝爾化學獎 100 週
　　年，訂定 2011 年為國際化學年。鐳屬於鹼土元素。下列有關鐳
　　的敘述，哪些正確？
　　(A) 鐳的價電子層為 $7s^2$ 組態
　　(B) 鐳是製造雷射元件的材料之一
　　(C) 鐳具有放射性是因其第一游離能極低
　　(D) 鐳的碳酸鹽難溶於水
　　(E) 鐳的氯化物的化學式為 RaCl

第貳部分：非選擇題（佔 20 分）

說明：　本大題共有三題，<u>作答都要用筆尖較粗之黑色墨水的筆書寫</u>。
　　　　答案必須寫在「答案卷」上，並於題號欄標明題號（一、二、
　　　　三）及小題號（1、2、…），作答時不必抄題。計算題必須寫
　　　　出計算過程，<u>最後答案應連同單位劃線標出</u>。每題配分標於題
　　　　末。

一、　在室溫 20℃ 時，用燒杯稱取氫氧化鈉固體 2.0 克，然後<u>在燒杯
　　　沒有加以絕熱的情況下</u>，加入 20℃ 的水 50 克，使氫氧化鈉溶
　　　解，並測定溫度（假設在實驗的過程中，熱量的散失速率一定）。
　　　每隔 60 秒所測定的溶液溫度，其變化如表 1 所示：

時間（s）	0	60	120	180	240	300	360	480
溫度（℃）	20.0	25.3	28.0	28.8	28.6	28.0	27.4	26.2

表一

1. 試以時間為X坐標（橫軸），溫度為Y坐標，在答案卷上方的
　 方格上以<u>適當的大小</u>，將實驗結果繪製成圖。（2分）
2. 如果此實驗在絕熱條件下進行，則氫氧化鈉在溶解過程中，
　 溫度共升高幾度？（2分）
3. 已知此溶液的比熱為 4.2（J/g·℃），而攪拌所導致的熱量變
　 化可以忽視。試求氫氧化鈉在溶解過程中所放出的熱量（單
　 位 kJ）。（2分）

二、　測量醋酸銀溶度積（K_{sp}）的步驟如下：量取 0.20 M 的硝酸銀溶
　　　液及 0.20 M 的醋酸鈉溶液各 10.0 mL，令其混合產生醋酸銀沉
　　　澱，俟反應達到平衡後，過濾分離沉澱物。取出 10.00 mL 濾液，
　　　加入數滴適當指示劑後，隨即以 0.050 M KSCN 滴定之。當滴定
　　　到達終點時，共耗去 10.00 mL KSCN。至於醋酸根離子濃度，
　　　則另以其他方法分析之。

試回答下列問題：

1. 以 SCN^- 滴定銀離子時，最常使用的指示劑為何？（2分）
2. 滴定終點時，溶液的顏色為何？（2分）
3. 醋酸銀飽和溶液中的醋酸根離子濃度為何？（2分）
4. 計算醋酸銀的溶度積（K_{sp}）。（2分）

三、 有兩種<u>無機化合物</u>甲與乙，在常溫常壓時甲為塊狀固體，乙為常見液體，分別用打火機的火焰，均無法將其點燃。以下為實驗步驟與觀察紀錄：

(1) 將一粒約 1 克的固體甲置於蒸發皿中，然後加入約 2 mL 的液體乙時，立見兩者劇烈反應，產生氣體丙。（在工業上，丙可作為製造 PVC 的原料。）

(2) 此時將火焰靠近蒸發皿，則見氣體丙燃燒發出火焰，而火焰上方有輕飄的黑煙。

(3) 等步驟 (1) 的反應完畢，蒸發皿冷卻後，將其液體過濾得澄清濾液丁。

(4) 在丁液中通入二氧化碳，得白色沉澱戊。

試回答下列問題：

1. 寫出甲與乙反應的平衡化學反應式。（2分）
2. 步驟 (2) 所產生的黑煙是何種物質？（2分）
3. 寫出步驟 (4) 產生白色沉澱戊的平衡化學反應式。（2分）

100年度指定科目考試化學科試題詳解

第壹部分：選擇題

一、單選題

1. **B**

   【解析】 $2KNO_{3(s)} + 3C_{(s)} + S_{(s)} \xrightarrow{\text{點燃}} K_2S_{(s)} + N_{2(g)} + 3x_{(g)}$

   上述為平衡後的方程式，根據原子不滅定理，x 是 CO_2

2. **D**

   【解析】 還原劑 $\Rightarrow$ 自己氧化數上升者 $\Rightarrow$ 自身氧化

   $K\underline{N}O_3 \rightarrow \underline{N}_2 \Rightarrow$ 氧化數下降

   $+5 \qquad\quad 0$

   $KN\underline{O}_3 \rightarrow C\underline{O}_2 \Rightarrow$ 氧化數不變

   $-2 \qquad\quad -2$

   $\underline{C} \rightarrow \underline{C}O_2 \Rightarrow$ 氧化數上升

   $0 \qquad\quad +4$

   $\underline{S} \rightarrow K_2\underline{S} \Rightarrow$ 氧化數下降

   $0 \qquad -2$

   故還原劑為碳

3. **A**

   【解析】 分子間的平均距離為 $\sqrt[3]{V}$

   $\therefore$ 由 $PV = nRT$，$\because$ 定壓定量下，$\therefore V \propto T$

   $\dfrac{V_2}{V_1} = \dfrac{(327+273)}{(27+273)} = \dfrac{600}{300} = 2$

   所以理想氣體分子間平均距離增為原來的 $\sqrt[3]{2} \fallingdotseq 1.26$ 倍

4. **E**

【解析】 (A) 質子數爲 28

(C) $1s^2 2s^2 2p^6 3s^2 3p^6 \underline{4s^2 3d^8}$ ⇒ 價電子數爲 10

(D) 核心電子組態 ⇒ $[Ar]$

(E) 第 4 週期（列）元素

5. **E**

【解析】 沸點：乙醇 > 乙醛 > 二甲醚 > 丙烷

（有分子間氫鍵）↑ > 極性：（乙醛 > 二甲醚 > 丙烷）

6. **D**

【解析】 由於硫酸沸點高，而且其中硫原子已爲最高氧化數，不會再氧化過錳酸鉀，所以常用來製備低沸點的酸

7. **D**

【解析】 先將兩個溴原子分爲鄰、間、對，3 類異構物，再接甲基

（一）

鄰

（二）

間

（三）

對

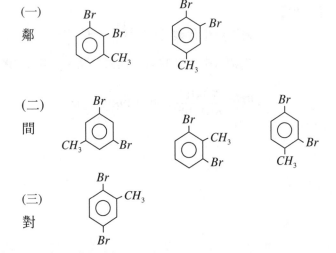

8. **C**

【解析】 由於 $656.3nm$ 波長在可見光範圍內（$400\ nm \sim 700\ nm$）
所以直接找最後回到 $n=2$ 的，故選 (C)

9. **D**

【解析】 (A) NH_4Cl、$Cu(NO_3)_2$、C_2H_5OH
　　　　　　酸　　　　酸　　　　　中

　　　(B) NH_4Cl、KCl、$NaHCO_3$
　　　　　　酸　　　中　　　鹼

　　　(C) $Cu(NO_3)_2$、NaF、C_2H_5OH
　　　　　　酸　　　　鹼　　　中

　　　(D) NaF、K_2CO_3、$NaHCO_3$
　　　　　鹼　　　鹼　　　　鹼

　　　(E) KCl、$Cu(NO_3)_2$、K_2CO_3
　　　　　中　　　酸　　　　鹼

10. **C**

【解析】

$$碳碳鍵氫化代表使 -\overset{|}{C}=\overset{|}{C}- \rightarrow -\overset{\overset{H}{|}}{C}-\overset{\overset{H}{|}}{C}-$$

$\therefore C_{180}H_{180}$ 中 180 個 H，代表打斷 $\dfrac{180}{2}$ 個 π 鍵

$\therefore$ 釋放 $\dfrac{80 \times 10^3}{6.02 \times 10^{23}} \times 90 = 1.19 \times 10^{-17}$ 卡

11. **B**

【解析】 根據 $\dfrac{Q}{t} = I \Rightarrow$ 通話三小時的總電量

$Q = I \times t = 0.3 \times 3 \times 3600 = 3240$ 庫侖

因此共有 $\dfrac{3240}{96500} = 0.033F$ 的電子

依化學方程式係數得知 $\Rightarrow$ 碳需要 0.033×6 莫耳

$= 0.033 \times 6 \times 12$ 克石墨 $= 2.4$ 克石墨

12. **A**

【解析】 (A)(B)(C) 定溫、定容下，加入 $Ar_{(g)}$，系統中各氣體的分壓和濃度均不變，所以平衡不動

(D) 平衡常數只受溫度、本性影響，故溫度不變，平衡常數不變

(E) $Ar_{(g)}$ 為惰性氣體，反應性極低

二、多選題

13. **BDE**

【解析】 (A) 最容易累積在甲狀腺

(B) $^{131}_{53}I$，中子數為 $131-53 = 78$　$\therefore 78-53 = 25$ 個

(C) 不能消除，因為 I–131 其原子核具放射性，形成離子後仍具有放射性

(D) $A = A_0 (\dfrac{1}{2})^{\frac{80}{8}} = \dfrac{1}{1024} A_0$

(E) 依 $\overline{C}_M = \dfrac{a}{V} \Rightarrow \dfrac{V_{1公里}}{V_{10公里}} = \dfrac{1^3}{10^3} = \dfrac{1}{1000}$

$\therefore$ 濃度減少為原本的 $\dfrac{1}{1000}$

14. **ACE**

【解析】　(A)　$Zn_{(s)} + 2HCl_{(aq)} \rightarrow H_{2(g)} + ZnCl_{2(aq)}$

(B)　$Na_2CO_{3(aq)} + 2HCl_{(aq)} \rightarrow CO_{2(g)} + H_2O_{(l)} + 2NaCl$

(C)　陽極產生 $O_{2(g)}$，陰極產生 $H_{2(g)}$

(D)　$CaCO_{3(s)} + 2HCl_{(aq)} \rightarrow CO_{2(g)} + H_2O_{(l)} + CaCl_2$

(E)　$H_2O_{(g)} + C_{(s)} \rightarrow CO_{(g)} + H_{2(g)}$ ［水煤氣］

15. **CDE**

【解析】　Ni^{2+} 碰 CN^- ⇒ 平面四邊形

$\left.\begin{matrix} Pd^{2+} \\ Pt^{2+} \end{matrix}\right\}$ 碰任何配基 ⇒ 平面四邊形

其他都是正四面體

16. **ABD**

【解析】　(A) 由最慢的反應式為速率決定步驟可知 $R = k[H_2O_2][I^-]$

$(H_2O_{2(aq)} + I^-_{(aq)} \rightarrow H_2O_{(l)} + IO^-_{(aq)})$

(B)　　$H_2O_{2(q)} + I^-_{(aq)} \rightarrow H_2O_{(l)} + IO^-_{(aq)}$

$+)\ IO^-_{(aq)} + H_2O_{2(aq)} \rightarrow O_{2(q)} + H_2O_{(l)} + I^-_{(aq)}$

$\overline{\quad 2H_2O_{2(aq)} \rightleftarrows O_{2(g)} + 2H_2O_{(l)} \quad}$

(C)(D)(E) 加催化劑，會使正逆反應的活化能均降低，但不改變其反應熱（ΔH）

17. **ACD**

【解析】　(B) 相同單位聚合，但不同的聚合方式

(E)

$C = C$

苯乙稀為單位聚合而成

18. **AE**

【解析】 (A) 由 1、3、4 和 $AgNO_{3(aq)}$ 有反應可知，產生鹵化銀沉

澱，故可能含有鹵素鹽類

(B) 否，因為 $NaCl_{(aq)}$ 不會和 $Cl_{2(aq)}$ 有反應

(C) 否，若是乙炔則應和 $AgNO_{3(aq)}$ 產生末端炔沉澱，而

且乙炔會 Br_2/CCl_4 褪色，產生加成反應

(D) 只有 $AgCl_{(s)}$ 是白色，但因有和 $Cl_{2(aq)}$ 反應，所以試管

4 裡面不會有 $Cl^-_{(aq)}$，故沉澱物不會是白色，而且

$AgBr_{(s)}$ 和 $AgI_{(s)}$ 沉澱物為黃色

(E) 有發生反應，所以會使 $KMnO_4/OH^-$ 褪色，因為

$KMnO_4$ 原為紫紅色

19. **BE**

【解析】 (A) 否，∵本質不同，沙拉油穩定性低

(C) 否，溫度計絕不可以用於攪拌

(D) 緊密程度不同，包含空氣不同，受熱不均勻測得的

熔點則不同

20. **ACE**

【解析】

$$HO-\left(CH_2-\overset{O}{\overset{\|}{C}}-O-\overset{H}{\underset{CH_3}{C}}-\overset{O}{\overset{\|}{C}}-O\right)_n H$$

為 $HO-CH_2-\overset{O}{\overset{\|}{C}}-OH$ 和 $HO-\overset{H}{\underset{CH_3}{C}}-\overset{O}{\overset{\|}{C}}-OH$ 聚合而成

(A) 酸＋醇 ⇒ 酯＋水　∴爲聚酯類

(B) 脫水爲縮合聚合反應

(D) 單元間是以酯基連結，容易被生物體內的酵素分解

(E) 羧基和羥基

21. **ADE**

【解析】(B) $(C_6H_{10}O_5)n$

(C) (一份硝酸 ＋三份鹽酸)的混合溶液爲王水

22. **AD**

【解析】(A) 正確 $\overset{\parallel}{C}$ ⇒ sp^2 混成軌域

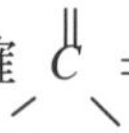

(B) 石墨有層和層之間的凡得瓦力，石墨烯只有單層結構，機械強度不同

(C) 石墨烯爲透明黑色

(D) 石墨烯的碳－碳間鍵數爲 $1\frac{1}{2}$ 鍵

(E) 平面結構，可藉 π 鍵間的共振，傳遞電子而導電

23. **AD**

【解析】(A) IIA 族，第 7 週期，故價電子層爲 $7s^2$ 組態

(B) 雷射爲一束強光聚集而成和鐳無關

(C) 鐳具有放射性，原因爲原子核內質子數太多，不穩定

(D) CO_3^{2-} 易和 IVA 族產生沉澱

(E) $RaCl_2$

第貳部分：非選擇題

一、【答案】 (1) 見詳解

　　　　　 (2) 2.11℃

　　　　　 (3) 3.2.4 *kJ*

【解析】 (1)

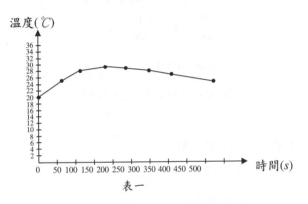

表一

　　　 (2) 表一顯示由 240 (*s*) 開始，每隔 60 秒下降 0.6 ℃，
　　　　　 表示燒杯在沒有絕熱狀態下，每 60 秒會散失熱量
　　　　　 0.6 ℃，故在絕熱狀態下進行實驗，8.6 + 0.6 × 4 =
　　　　　 11℃，其升高 11℃

　　　 (3) $\Delta H = (2+50) \times 4.2 \times 11 \times 10^{-3} = \underline{2.4kJ}$

二、【答案】 (1) Fe^{3+}

　　　　　 (2) 血紅色

　　　　　 (3) 0.05 *M*

　　　　　 (4) 2.5×10^{-3}

【解析】 (3) $Ag^+ + CH_3COO^- \rightarrow CH_3COOAg_{(s)}$

$$0.1\ M \qquad\qquad 0.1\ M$$

$$-x \qquad\qquad -x \qquad\qquad +x$$

$$0.1-x \qquad\quad 0.1-x$$

可知 $[Ag^+]=[CH_3COO^-]$

$$Ag+SCN^- \rightarrow AgSCN_{(s)}$$

$$\frac{10}{1000} \times 0.05 = \frac{10}{1000} \times M$$

$$M=0.05(M)$$

(4) $Ksp=(0.1-x)^2 = \underline{\underline{2.5 \times 10^{-3}}}$

三、【答案】 (1) 見詳解

(2) 碳粒

(3) 見詳解

【解析】 (1) 甲為 CaC_2；乙為 H_2O

$$CaC_{2(s)}+2H_2O_{(l)} \rightarrow C_2H_{2(g)}+Ca(OH)_{2(aq)}$$

(2) 黑煙為碳粒

(3) $Ca(OH)_{2(aq)}+2CO_{2(g)} \rightarrow Ca(HCO_3)_{2(aq)}$

100學年度指定科目考試（化學）

大考中心公佈答案

題　號	答　　案	題　號	答　　案
1	B	16	ABD 或 BD
2	D	17	ACD
3	A	18	AE
4	E	19	BE
5	E	20	ACE
6	D	21	ADE
7	D	22	AD
8	C	23	AD
9	D		
10	C		
11	B		
12	A		
13	BDE		
14	ACE		
15	CDE		

100 學年度指定科目考試
各科成績標準一覽表

科　目	頂　標	前　標	均　標	後　標	底　標
國　文	71	66	59	50	42
英　文	79	69	51	33	23
數學甲	82	71	51	32	20
數學乙	86	75	55	34	22
化　學	75	66	51	37	29
物　理	83	73	53	34	25
生　物	77	69	54	41	32
歷　史	77	70	59	48	39
地　理	71	66	58	48	40
公民與社會	77	72	64	55	48

※ 以上五項標準均取為整數（小數只捨不入），且其計算均不含缺考生之成績，
　計算方式如下：

　頂標：成績位於第 88 百分位數之考生成績。

　前標：成績位於第 75 百分位數之考生成績。

　均標：成績位於第 50 百分位數之考生成績。

　後標：成績位於第 25 百分位數之考生成績。

　底標：成績位於第 12 百分位數之考生成績。

例： 某科之到考考生為 99982 人，則該科五項標準為

　頂標： 成績由低至高排序，取第 87985 名（99982×88%＝87984.16，取整數，
　　　　 小數無條件進位）考生的成績，再取整數(小數只捨不入)。

　前標： 成績由低至高排序，取第 74987 名（99982×75%＝74986.5，取整數，
　　　　 小數無條件進位）考生的成績，再取整數(小數只捨不入)。

　均標： 成績由低至高排序，取第 49991 名（99982×50%＝49991）考生的成績，
　　　　 再取整數(小數只捨不入)。

　後標： 成績由低至高排序，取第 24996 名（99982×25%＝24995.5，取整數，
　　　　 小數無條件進位）考生的成績，再取整數(小數只捨不入)。

　底標： 成績由低至高排序，取第 11998 名（99982×12%＝11997.84，取整數，
　　　　 小數無條件進位）考生的成績，再取整數(小數只捨不入)。

九十九年大學入學指定科目考試試題
化學考科

說明：下列資料，可供回答問題之參考

一、元素週期表（1～36號元素）

1 H 1.0																	2 He 4.0
3 Li 6.9	4 Be 9.0											5 B 10.8	6 C 12.0	7 N 14.0	8 O 16.0	9 F 19.0	10 Ne 20.2
11 Na 23.0	12 Mg 24.3											13 Al 27.0	14 Si 28.1	15 P 31.0	16 S 32.1	17 Cl 35.5	18 Ar 40.0
19 K 39.1	20 Ca 40.1	21 Sc 45.0	22 Ti 47.9	23 V 50.9	24 Cr 52.0	25 Mn 54.9	26 Fe 55.8	27 Co 58.9	28 Ni 58.7	29 Cu 63.5	30 Zn 65.4	31 Ga 69.7	32 Ge 72.6	33 As 74.9	34 Se 79.0	35 Br 79.9	36 Kr 83.8

二、理想氣體常數 $R = 0.08205 \ L \ atm \ K^{-1}mol^{-1} = 8.31 \ J \ K^{-1}mol^{-1}$

三、氯的同位素（在自然界中含量百分率）：^{35}Cl (75%)，^{37}Cl (25%)

第壹部分：選擇題（佔 80 分）

一、單選題（48 分）

說明：第 1 題至第 16 題，每題選出一個最適當的選項，標示在答案
　　　卡之「選擇題答案區」。每題答對得 3 分，答錯或劃記多於一
　　　個選項者倒扣 3/4 分，倒扣到本大題的實得分數爲零爲止。未
　　　作答者，不給分亦不扣分。

1. 開發能源與維護環境是現代科技所面臨的兩大挑戰。若能利用太
　陽能來電解水，產生氫氣與氧氣以供氫氧燃料電池使用，就可以
　獲得有用的能量與非常乾淨的水，這樣就不會造成環境的問題。

99－2　歷屆指考化學科試題詳解

試問 90 公斤的水，完全電解可產生幾公斤的氫？

(A) 0.5　　(B) 1　　(C) 5　　(D) 10　　(E) 20

2. 下列氧化物，哪一個**無法**和氧氣反應？

(A) CO　　(B) N_2O　　(C) As_2O_3　　(D) P_4O_6　　(E) SO_3

3. 下列化學鍵，哪一個最短？

(A) C–C　　(B) O–H　　(C) C=O　　(D) C≡C　　(E) C≡N

4. 下列分子，哪一個屬於多氯聯苯化合物？

(A)　　　　　　　　(B)　　　　　　　　(C)

(D)　　　　　　　　(E)

5. 下列選項中，哪一個是形成蛋白質螺旋或褶板結構的主要作用力？

(A) 氫鍵　　　　　　(B) 離子鍵　　　　　　(C) 肽鍵

(D) 凡得瓦力　　　　(E) 靜電力

6. 下列有關第 17 族元素（鹵素）的性質中，哪一個隨原子序之增大而降低或變小？

(A) 原子半徑　　　　(B) 第一游離能　　　　(C) 價電子數

(D) 電子親和力　　　(E) 沸點

7. 碳的原子量為 12.01，已知碳的同位素有 ^{12}C、^{13}C 及極微量的 ^{14}C。試問下列哪一選項為 ^{12}C 與 ^{13}C 在自然界中的含量比例？

(A) 1：1　(B) 9：1　(C) 49：1　(D) 99：1　(E) 199：1

8. 氣體燃燒時非常劇烈，若控制不當常引致爆炸，稱為氣爆。下列
   (A) 至 (E) 選項中數字比值分別代表五支試管中混合均勻的天然氣
   與空氣的體積比。若將混合氣體點火，試問哪一個混合比的爆炸
   最劇烈？
   (A) 1：1　　(B) 1：2　　(C) 1：10　　(D) 1：15　　(E) 1：20

9. 甲醇燃料電池是以甲醇與氧反應，得到電能，並產生二氧化碳與
   水。陽極端是以甲醇為反應物，而陰極端的反應物是氧氣。試問
   陽極反應所產生的二氧化碳與陰極反應所產生的水二者的莫耳數
   比（CO_2：H_2O）為何？
   (A) 1：1　　(B) 1：2　　(C) 1：3　　(D) 2：3　　(E) 3：1

10. 下列有關化學電鍍（非電解電鍍）的敘述，哪一個正確？
    (A) 電鍍液中需要有還原劑的存在
    (B) 塑膠物質不適用此種方法進行電鍍
    (C) 將待鍍物置於陰極，通入直流電流，使欲鍍金屬離子還原於
        待鍍物表面
    (D) 將待鍍物置於陰極，通入交流電流，使欲鍍金屬離子還原於
        待鍍物表面
    (E) 將待鍍物置於陽極，通入交流電流，使欲鍍金屬離子氧化於
        待鍍物表面

11. 下列有關各物質的沸點與熔點的圖示，哪一個**錯誤**？
    (A) 鹵素　　　　　　　　　　(B) 鹵化氫

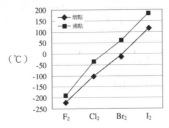
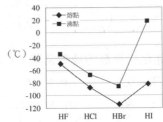

(C) 直鏈烷類　　　　　　　　　　　　　(D) 鹼金族

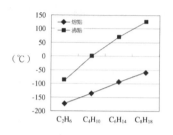　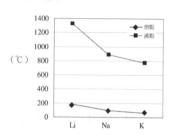

(E) 同分異構物

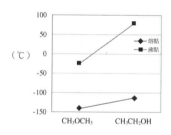

12-13題為題組

在某固定溫度，化學反應 $I^-_{(aq)} + OCl^-_{(aq)} \rightleftharpoons OI^-_{(aq)} + Cl^-_{(aq)}$ 的反應物初始濃度、溶液中的氫氧根離子初始濃度及初始速率間的關係如下表所示：

實驗編號	I^-的初始濃度（M）	OCl^-的初始濃度（M）	OH^-的初始濃度（M）	初始速率（mol /L s）
1	2×10^{-3}	1.5×10^{-3}	1.00	1.8×10^{-4}
2	4×10^{-3}	1.5×10^{-3}	1.00	3.6×10^{-4}
3	2×10^{-3}	3×10^{-3}	2.00	1.8×10^{-4}
4	4×10^{-3}	3×10^{-3}	1.00	7.2×10^{-4}

12. 上述化學反應的速率常數（k）為何（s^{-1}）？

(A) k = 0.1　　　(B) k = 6　　　(C) k = 10

(D) k = 60　　　(E) k = 600

13. 若實驗編號 1 的其他濃度不變，僅將溶液的酸鹼值變更為 pH＝13，
    反應的初始速率為何（mol/L s）？
    (A) 1.8×10^{-2}　　(B) 1.8×10^{-3}　　(C) 1.8×10^{-4}
    (D) 1.8×10^{-5}　　(E) 1.8×10^{-6}

14. 下列哪一選項中的所有化合物，均同時具有離子鍵、σ 鍵及 π 鍵？
    (A) NaN_3、$NaCN$
    (B) CH_3COOH、H_2CO
    (C) NaN_3、$[Co(NH_3)_5(CO_3)]$
    (D) TiO_2、$[Co(NH_3)_5(CO_3)]$
    (E) $[Co(NH_3)_5(CO_3)]$、CH_3COOH

15. 以草酸鈉標定過錳酸鉀溶液的反應，會產生錳（II）離子以及二
    氧化碳。下列有關草酸鈉標定過錳酸鉀實驗的敘述，哪一個正確？
    (A) 滴定過程中，過錳酸鉀被氧化，草酸鈉被還原
    (B) 溫度需超過 100℃，草酸鈉與過錳酸鉀才會反應
    (C) 滴定過程中溶液呈紅紫色，是因為加入酚酞指示劑
    (D) 草酸鈉性質穩定不易變質，所以適用於標定過錳酸鉀溶液
    (E) 過錳酸鉀 2 莫耳與草酸鈉 5 莫耳作用，會產生 2 莫耳的錳（II）
        離子與 5 莫耳的二氧化碳

16. 某生想要探討鐵（III）離子與硫氰根離子（SCN^-）的反應，於是
    先配製了一澄清 0.1M 的 $Fe(NO_3)_3$ 溶液 100mL，但在配製過程中，
    忘記加入稀硫酸加以酸化。當 $Fe(NO_3)_3$ 溶液靜置一段時間後，發
    現該溶液變成混濁，同時容器底部有少許黃褐色沉澱。試問下列
    哪一項最有可能為該沉澱物？
    (A) FeO　　　　(B) Fe_2O_3　　　(C) $FeCO_3$
    (D) $Fe(SCN)_3$　　(E) $Fe(OH)_3$

二、多選題（32分）

說明：第 17 題至第 24 題，每題各有 5 個選項，其中至少有一個是正確的。選出正確選項，標示在答案卡之「選擇題答案區」。每題 4 分，各選項獨立計分，每答對一個選項，可得 4/5 分，每答錯一個選項，倒扣 4/5 分，倒扣到本大題之實得分數爲零爲止。整題未作答者，不給分亦不扣分。

17. 家用桶裝瓦斯內所裝的液化石油氣（LPG），其主要成分爲丙烷。下列敘述，哪些正確？

    (A) 液化石油氣的密度比水大
    (B) 液化石油氣本身具有難聞的臭味
    (C) 相同莫耳數的液化石油氣完全燃燒時所產生的熱量比天然氣的高
    (D) 相同莫耳數的液化石油氣與天然氣，分別各自完全燃燒時，前者所需空氣量比後者多
    (E) 在同溫時，只剩半桶與剩四分之一桶的液化石油氣，其鋼桶內壓力相同

18. 容器 A 和 B 含有不同數量的氦原子（He）和氫分子（H_2），其數量如示意圖 1 所示。若容器 B 的體積爲容器 A 的 2 倍，且兩容器之溫度相同，而所有的氣體均可視爲理想氣體，則下列哪些敘述正確？

    ○ H_2
    ● He

    圖 1

    (A) 容器 A 中之氫與氦的分壓相同
    (B) 容器 B 之氣體密度較容器 A 大
    (C) 容器 B 之氣體總壓力較容器 A 大
    (D) 容器 B 之氣體平均動能較容器 A 大
    (E) 容器 A 中，氫分子的平均速率比氦大

19. 稠五苯（pentacene）的構造如圖 2，是一個有機導電分子。由稠五苯所製成的有機光電材料，已用於可撓曲顯示器，可捲曲而可方便攜帶。下列有關稠五苯的敘述，何者正確？

    (A) 稠五苯易進行加成反應

    (B) 稠五苯屬於芳香族化合物

    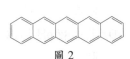
    圖 2

    (C) 稠五苯是撓曲的非平面結構

    (D) 稠五苯分子中共有 20 個 π 電子

    (E) 稠五苯的 π 電子並非固定於某兩個碳原子之間

20. 已知丁烯二酸有順、反兩種異構物，兩者熔點的差異約 160℃。王、林、陳三位學生欲利用再結晶法，純化某一含有此二異構物的混合物。三位學生分別使用不同的溶劑溶解混合物後，取得再結晶的固體，並利用熔點測定來判斷所獲得固體的種類及其純度。其中，王同學測得的熔點為 140～142℃、林同學為 150～170℃、陳同學為 298～301℃。下列有關上述實驗及此二異構物的敘述，哪些正確？

    (A) 反丁烯二酸的熔點約為 300～302℃

    (B) 順丁烯二酸的熔點較反丁烯二酸高

    (C) 林同學再結晶所得的固體純度最低

    (D) 陳同學再結晶所得的固體，主要含有反丁烯二酸

    (E) 王同學再結晶所得的固體，主要含有順丁烯二酸

21. 血紅素（Hb）在血液中扮演輸送氧氣的重要角色，其與氧氣的結合會受血液中 pH 值與溶氧量的影響。下式為血紅素、氧氣和氫離子間的平衡關係：

    $$HbH^+_{(aq)} + O_{2(aq)} \rightleftharpoons HbO_{2(aq)} + H^+_{(aq)}$$

    下列有關血紅素攜氧量的敘述，哪些正確？

(A) 在高壓氧氣下，血紅素的攜氧量會下降

(B) 由上式可知，在氧分壓高的情況下，血紅素的攜氧量較高

(C) 某人登上玉山頂時，血液中血紅素的攜氧量，會比在平地時高

(D) 若血液 pH 值為 7.4，則血紅素的攜氧量，會比 pH 值為 7.0 時高

(E) 運動時，血液中的二氧化碳會增加，此時血紅素的攜氧量，會比運動前低

22. 紅血球內的血紅素有傳輸氧氣的功能，其構造中含有大環分子卟啉（甲）及咪唑（乙）的鐵錯合物，可以與氧氣結合。圖 3 中的丙為血紅素與氧氣結合部分的模擬結構圖。下列與此相關的敘述，哪些正確？

(A) 卟啉及咪唑都是弱酸性化合物

(B) 丙的鐵錯合物是八面體結構

(C) 丙的鐵錯合物，鐵的氧化數是 +2

(D) 丙的鐵錯合物，鐵的配位數是 6

(E) 丙的鐵錯合物中，鐵離子的電子組態有 4s 電子

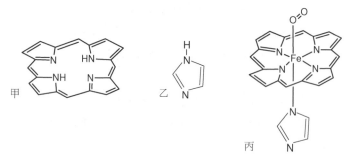

圖 3

23. 汽車排氣中的 NO_2 已造成嚴重空氣污染，因此盼望化學家能找到適合的化合物 G 與適當的反應條件，以進行下列反應，而將 NO_2 變成無害的 N_2：

$$NO_2 + G \xrightarrow{\text{觸媒}} N_2 + H_2O + n\,X \text{（未平衡的反應式）}$$

上式中 n 是係數，但也可以為 0，而 X 必須為任何無害的物質。試問下列化合物中，哪些可以滿足上述反應式中的 G？

(A) NH_3　　　　(B) CO_2　　　　(C) SO_2

(D) H_2O_2　　　(E) CH_3CH_2OH

24. 以 MnO_2 催化 $KClO_3$ 熱分解產生氧氣的反應式如下：

$$2KClO_{3(s)} \xrightarrow{\text{M}_n\text{O}_2} 3O_{2(g)} + 2KCl_{(s)}$$

雖然上列反應極近於完全，但不是唯一的反應，亦即尚有少量的副反應，導致所產出的氣體有異常的氣味。為了探究臭味的成分，做了下列的實驗：

(1) 將產生的氣體通過潤濕的碘化鉀──澱粉試紙（如圖4），結果試紙顯現紫藍色。

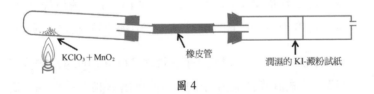

KClO₃ + MnO₂　　　橡皮管　　　潤濕的 KI-澱粉試紙

圖 4

(2) 將產生的氣體通過硝酸銀溶液，則產生白色沉澱。

(3) 所產生的氣體經質譜儀分析，在複雜的質譜圖中，有質量尖峰（相當於分子量）出現在 67 與 69 的位置，而其強度比約為 3：1。

試問在熱分解 $KClO_3$ 時，可能產生哪些物質以氣體的狀態逸出？

(A) 氧氣　　　　(B) 氯氣　　　　(C) 臭氧

(D) 氯化鉀　　　(E) 二氧化氯

第貳部分：非選擇題（佔 20 分）

說明：本大題共有三題，作答都要用筆尖較粗之黑色墨水的筆書寫。
答案必須寫在「答案卷」上，並於題號欄標明題號（一、二、
三）及小題號（1、2、…），作答時不必抄題。計算題必須寫
出計算過程，最後答案應連同單位劃線標出。每題配分標於題
末。

一、 稱取含有結晶水的草酸鎂（$MgC_2O_4 \cdot nH_2O$）樣品（代號 A）
1.00 克後，由 25℃ 徐徐加熱至 700℃。在加熱的過程中，不
斷通入一大氣壓的乾燥氫氣，結果 A 的質量隨溫度的增高而
減輕的情況如下表所示。已知 A 在 100℃ 以上才會逐漸失去
結晶水，並約在 230℃ 時完全失去結晶水。

溫度（℃）	25	170	230	400	450	700
質量（g）	1.00	0.88	0.76	0.76	0.27	0.27

1. 試以溫度為橫軸（x），質量為縱軸（y），繪出樣品 A 的質
量隨溫度而改變的圖。（注意題幹中劃線的敘述）（4分）

2. 為簡化運算，試以 Mg 的原子量為 24.0，MgC_2O_4 的分子量為
112，列式計算樣品 A 中的 n，並寫出 A 的化學式。（2分）

3. 以完整的化學反應式（包括物質的狀態），表示在 400℃ 至
450℃ 間所發生的化學變化。（2分）

二、 圖 5 為鎂及其化合物所進行之相關反應。

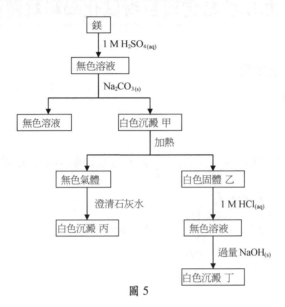

圖 5

根據上列的反應流程圖，回答下列問題。

1. 寫出化合物甲加熱分解之平衡反應式。（2分）

2. 寫出化合物乙和 1 M HCl 反應之平衡反應式。（2分）

3. 寫出化合物丙和丁的化學式。（2分）

三、 已知丙烷熱裂解後產生丙烯與氫氣，其平衡反應式如下：

$$C_3H_{8(g)} \rightleftharpoons C_3H_{6(g)} + H_{2(g)}$$

今將 1.0 莫耳的丙烷置於一個 22.4 升的密閉容器中，並使容器溫度維持在 427°C。經一段時間，反應達平衡後，測得容器內的總壓力為 3.0 大氣壓。假設容器內每一氣體均可視為理想氣體，試列出計算式，求出該反應達平衡後，下列各項數值。

1. 容器內丙烯的莫耳數。（2分）

2. 容器內氫氣的質量。（2分）

3. 容器內氫氣的分壓。（2分）

九十九年度指定科目考試化學科試題詳解

第壹部分：選擇題

一、單選題

1. **D**

   【解析】$H_2O \xrightarrow[\text{電解}]{2F} H_2 + \dfrac{1}{2}O_2$，可知電解 $1mole\ H_2O$ 產生

   $1mole\ H_2$

   $n_{H_2O} = \dfrac{90 \times 1000}{18} = 5000mole = n_{H_2}$

   $\therefore W_{H_2} = \dfrac{5000 \times 2}{1000} = 10kg$

2. **E**

   【解析】無法與 O_2 反應，代表該氧化物已無法再氧化（氧化數達最高）

   (A) $\underline{C}O：+2$　　　(B) $\underline{N}_2O：+1$　　　(C) $\underline{As}_2O_3：+3$

   (D) $\underline{P}_4O_6：+3$　　(E) $\underline{S}O_3：+6$

3. **B**

   【解析】週期愈大，原子半徑愈大 ⇒ 鍵長愈長

   因此，僅 H 為第一週期，C、N、O 為第二週期

   故 $O-H$ 鍵長最短

4. **C**

   【解析】聯苯的結構：

5. **A**

6. **B**

【解析】(A) 原子半徑：$I > Br > Cl > F$

(C) 價電子數相等（皆為第 17 族）

(D) 電子親和力：$Cl > F > Br > I$

(E) 沸點：$I_2 > Br_2 > Cl_2 > F_2$（比凡得瓦力）

7. **D**

【解析】$^{12}C：x \qquad ^{13}C：1-x$（因 ^{14}C 極微量，故不計）

$\overline{M} = 12 \cdot x + 13(1-x) = 12.01 \Rightarrow x = 0.99$

$\therefore \ ^{12}C：^{13}C = 0.99：0.01 = 99：1$

8. **C**

【解析】天然氣主要成分 CH_4

$CH_4 + 2O_2 \rightarrow CO_2 + 2H_2O$

故 $n_{CH_4}：n_{O_2} = V_{CH_4}：V_{O_2} = 1：2$

$\therefore V_{CH_4}：V_{空氣} = 1：2 \times 5 = 1：10$

（空氣中，O_2 佔空氣的 $\dfrac{1}{5}$）

9. **C**

【解析】陽極：$CH_3OH + H_2O \rightarrow CO_2 + 6H^+ + 6e^-$ ……①

陰極：$O_2 + 4H^+ + 4e^- \rightarrow 2H_2O$ ……②

（使兩式得失電子數相等，① × 2，② × 3）

$CO_2：H_2O = 1 \times 2：2 \times 3 = 1：3$

10. **A**

【解析】非電解電鍍，ex：銀鏡反應

此反應不須通電，但須有還原劑，將 $M^{n+} \rightarrow M_{(s)}$

使金屬析出於被鍍物之表面

11. **B**

【解析】(B) 熔點：$\underline{HI > HF} > HBr > HCl$；

沸點：$\underline{HF > HI} > HBr > HCl$

12. **D**

【解析】由實驗

1、2 得知 $[I^-]$ 為 1 級
3、4 得知 $[OH^-]$ 為 –1 級
1、3 得知 $[OCl^-]$ 為 1 級
反應速率定律式：
$R = k\,[I^-][OCl^-][OH^-]^{-1}$

代入實驗1 $\Rightarrow 1.8 \times 10^{-4} = k \times (2 \times 10^{-3}) \times (1.5 \times 10^{-3}) \times (1)^{-1}$

$\Rightarrow k = 60(s^{-1})$

13. **B**

【解析】$pH = 13 \Rightarrow pOH = 1 \Rightarrow [OH^-] = 10^{-1} M$

$R = 60 \times (2 \times 10^{-3}) \times (1.5 \times 10^{-3}) \times (10^{-1})^{-1} = 1.8 \times 10^{-3}[M/S]$

14. **A**

【解析】$NaN_3 \Rightarrow Na^+ N_3^-$　　　　　$NaCN \Rightarrow Na^+ CN^-$

$N_3^- \Rightarrow [\ddot{N} = N = \ddot{N}]^-$　　　$CN^- \Rightarrow [:C \equiv N:]^-$

$\Rightarrow$ 皆有離子鍵，σ 鍵，π 鍵

15. **D**

【解析】 $5C_2O_4^{2-} + 2MnO_4^- + 16H^+ \rightarrow 2Mn^{2+} 10CO_2 + 8H_2O$

(A) 過錳酸根（ MnO_4^- ）為氧化劑，行還原反應

　　草酸根（ $C_2O_4^{2-}$ ）為還原劑，行氧化反應

(B) 溫度只可加熱至約 70℃，不可太高

(C) 溶液顏色由 MnO_4^-（紅紫色）

　　 $\rightarrow Mn^{2+}$（淡粉紅）決定

(E) 產生 10mole CO_2

16. **E**

【解析】 SCN^- 水解呈鹼性

故 $Fe^{3+} + 3OH^- \rightarrow Fe(OH)_{3(s)} \downarrow$（黃褐色沉澱）

二、多選題

17. **CDE**

【解析】 (A) 烴類密度比水小

(B) 丙烷無味，而瓦斯有臭味是由於添加硫化物

18. **AE**

【解析】

	A（體積 V）	B（體積 $2V$）
H_2	4	8
He	4	6
總粒子數	8	14
總壓	$\dfrac{8}{V}$	$\dfrac{14}{2V} = \dfrac{7}{V}$
平均分子量	$2 \times \dfrac{1}{2} + 4 \times \dfrac{1}{2} = 3$	$2 \times \dfrac{8}{14} + 4 \times \dfrac{6}{14} = \dfrac{20}{7}$

(B) $PM = DRT \Rightarrow PM \propto D$

$$\frac{D_A}{D_B} = \frac{\dfrac{8}{V} \times 3}{\dfrac{7}{V} \times \dfrac{20}{7}} \Rightarrow D_A > D_B$$

(C) $\dfrac{P_A}{P_B} = \dfrac{\dfrac{8}{V}}{\dfrac{7}{V}} \Rightarrow P_A > P_B$

(D) $E_k = \dfrac{3}{2}RT \propto T$

故在同溫下，兩者 E_k 相等

19. BE

【解析】(A) 不易行加成反應，因共振穩定

(C) 所有 C 皆為 sp^2 混成 $\Rightarrow$ 為平面分子

(D) 具有 11 個 π 鍵 $\Rightarrow$ 22 個 π 電子

20. ACDE

【解析】mp：反丁烯二酸 > 順丁烯二酸

王同學與陳同學所測熔點差約 160℃，故可猜測王同學所得產物主要為順丁烯二酸，陳同學所得產物主要為反丁烯二酸，而林同學所得產物較不純

21. BDE

【解析】(A) 亨利定律，氣體溶解度正比於其分壓（$m = kp$），所以高壓下，攜氧量增加

(C) 高山上，P_{O_2} 下降，使攜氧量下降

22. BCD 或 BD

【解析】(A) 爲弱鹼性化合物，因 N 上的 ℓp 可作爲路易士鹼

(B) (C) (D) (E) 血紅素中的 Fe 以 Fe^{2+} 存在，但具六

配位，爲八面體

則 Fe^{2+}：$\underset{3d}{\underline{\uparrow\downarrow\ \uparrow\ \uparrow\ \uparrow\ \uparrow}}\ \ \underset{4s}{\underline{}}$

23. ADE

【解析】(B) CO_2 已不會再與觸媒反應

(C) $SO_2 \rightarrow SO_3$（酸雨成分）

而 (A) (D) (E) 反應後產物爲 N_2、H_2O 及 CO_2 且皆屬無

害物質

24. ABE

【解析】由實驗 (1) 可知，所得氣體具有氧化力

由實驗 (2) 可知，所得氣體溶於水會產生 Cl^-

由實驗 (3) 可知，所得氣體含 ClO_2（因 $^{35}Cl:^{37}Cl = 3:1$）

⇒ 故可知熱分解產生可能氣體爲 O_2、Cl_2、ClO_2

Cl_2 具有氧化力可使 $I^- \rightarrow I_2$

而且 Cl_2 溶於水產生 Cl^- 及 ClO^-

ClO_2 溶於水產生 ClO_3^- 及 ClO_2^-，無 Cl^-

因此，副反應之氣體可能爲 Cl_2 及 ClO_2

第貳部分：非選擇題

一、【答案】 (1) 見詳解

(2) $n \cong 2$；A：$MgC_2O_4 \cdot 2H_2O$

(3) 見詳解

　　【解析】 (1)

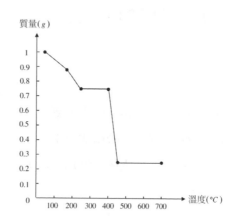

(2) $MgC_2O_4 \cdot nH_2O \rightarrow MgC_2O_4 + nH_2O$

$$\frac{1-0.76}{18} = \frac{1}{112+18n} \times n \Rightarrow n \cong 2$$

$$\Rightarrow A：MgC_2O_4 \cdot 2H_2O$$

(3) $MgC_2O_4 \rightarrow MgO + CO + CO_2$

$$\frac{0.27}{M} = \frac{1}{148} \Rightarrow M \cong 40 \Rightarrow MgO \text{（產物）}$$

二、【答案】 (1) $MgCO_3 \xrightarrow{\quad\Delta\quad} MgO + CO_2$

(2) $MgO + 2HCl \rightarrow MgCl_2 + H_2O$

(3) 丙：$CaCO_3$；丁：$Mg(OH)_2$

【解析】

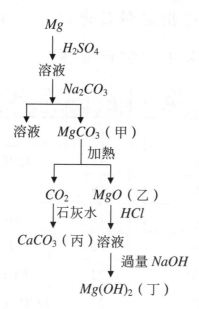

$$Mg$$
$$\downarrow H_2SO_4$$
溶液
$$\downarrow Na_2CO_3$$

溶液　$MgCO_3$（甲）

$$\downarrow 加熱$$

CO_2　　MgO（乙）

$\downarrow$石灰水　$\downarrow HCl$

$CaCO_3$（丙）溶液

$$\downarrow 過量 NaOH$$

$Mg(OH)_2$（丁）

三、【答案】 (1) 0.17 mole　　(2) 0.34 克　　(3) 0.44 atm

【解析】　　　$C_3H_8 \rightleftharpoons C_3H_6 + H_2$

$$\begin{array}{cccc} & 1 & & \\ & -x & +x & +x \\ \hline 平衡 & 1-x & x & x \quad \Rightarrow n_t = 1+x \end{array}$$

原來 $0°C$，$1atm$；後來 $427°C$，$3atm$

$$PV = nRT \qquad P \propto nT$$

$$\frac{1}{3} = \frac{1 \times 273}{(1+x) \times 700} \Rightarrow x = 0.17$$

(1) $n_{C_3H_6} = 0.17 mole$

(2) $W_{H_2} = 0.17 \times 2 = 0.34$ 克

(3) $P_{H_2} = 3 \times \dfrac{0.17}{1+0.17} = 0.44 atm$

九十九學年度指定科目考試（化學）
大考中心公佈答案

題　號	答　　案
1	D
2	E
3	B
4	C
5	A
6	B
7	D
8	C
9	C
10	A
11	B
12	D
13	B
14	A
15	D

題　號	答　　案
16	E
17	CDE
18	AE
19	BE
20	ACDE
21	BDE
22	BCD 或 BD
23	ADE
24	ABE

九十九學年度指定科目考試
各科成績標準一覽表

科　目	頂　標	前　標	均　標	後　標	底　標
國　文	67	62	54	44	36
英　文	79	69	48	26	13
數學甲	79	65	45	25	14
數學乙	88	78	60	40	22
化　學	68	57	38	21	12
物　理	57	43	24	12	6
生　物	81	73	58	40	28
歷　史	75	68	57	43	31
地　理	63	56	46	34	26
公民與社會	52	44	34	23	16

※ 以上五項標準均取為整數（小數只捨不入），且其計算均不含缺考生之成績，
　計算方式如下：

　頂標：成績位於第 88 百分位數之考生成績。

　前標：成績位於第 75 百分位數之考生成績。

　均標：成績位於第 50 百分位數之考生成績。

　後標：成績位於第 25 百分位數之考生成績。

　底標：成績位於第 12 百分位數之考生成績。

例： 某科之到考考生為 99982 人，則該科五項標準為

　　頂標： 成績由低至高排序，取第 87985 名（99982×88%=87984.16，取整數，
　　　　　小數無條件進位）考生的成績，再取整數(小數只捨不入)。

　　前標： 成績由低至高排序，取第 74987 名（99982×75%=74986.5，取整數，
　　　　　小數無條件進位）考生的成績，再取整數(小數只捨不入)。

　　均標： 成績由低至高排序，取第 49991 名（99982×50%=49991）考生的成績，
　　　　　再取整數(小數只捨不入)。

　　後標： 成績由低至高排序，取第 24996 名（99982×25%=24995.5，取整數，
　　　　　小數無條件進位）考生的成績，再取整數(小數只捨不入)。

　　底標： 成績由低至高排序，取第 11998 名（99982×12%=11997.84，取整數，
　　　　　小數無條件進位）考生的成績，再取整數(小數只捨不入)。

（心）（得）（筆）（記）（欄）

九十八年大學入學指定科目考試試題
化學考科

說明：下列資料，可供回答問題之參考

一、元素週期表（1～36 號元素）

1 H 1.0																	2 He 4.0
3 Li 6.9	4 Be 9.0											5 B 10.8	6 C 12.0	7 N 14.0	8 O 16.0	9 F 19.0	10 Ne 20.2
11 Na 23.0	12 Mg 24.3											13 Al 27.0	14 Si 28.1	15 P 31.0	16 S 32.1	17 Cl 35.5	18 Ar 40.0
19 K 39.1	20 Ca 40.1	21 Sc 45.0	22 Ti 47.9	23 V 50.9	24 Cr 52.0	25 Mn 54.9	26 Fe 55.8	27 Co 58.9	28 Ni 58.7	29 Cu 63.5	30 Zn 65.4	31 Ga 69.7	32 Ge 72.6	33 As 74.9	34 Se 79.0	35 Br 79.9	36 Kr 83.8

二、理想氣體常數 $R = 0.08205$ L atm $K^{-1}mol^{-1} = 8.31$ J $K^{-1}mol^{-1}$

第壹部分：選擇題（佔 77 分）

一、單選題（45 分）

說明：第 1 至 15 題，每題選出一個最適當的選項，標示在答案卡之「選擇題答案區」。每題答對得 3 分，答錯或劃記多於一個選項者倒扣 3/4 分，倒扣到本大題的實得分數為零為止，未作答者，不給分亦不扣分。

1. 國內媒體曾報導，有些新裝潢的房間或新購買的玩具，其所用的聚合物材料會逸出有害健康的物質。試問下列哪一物質，最有可能從聚合物逸出？
   (A) 甲醇　　　(B) 甲醛　　　(C) 乙醇
   (D) 乙酸　　　(E) 丙酮

2. 下列哪一個金屬原子或離子的半徑最大？

　　(A) Be　　　　　(B) Mg^{2+}　　　　(C) Zn^{2+}

　　(D) Mn　　　　　(E) Ca

3. 家用的瓦斯有天然氣（主成分 CH_4）或液化石油氣（主成分 C_3H_8）。若在同溫同壓，分別使同體積的 CH_4 與 C_3H_8 完全燃燒，則 C_3H_8 所需空氣的量是 CH_4 的幾倍？

　　(A) $\dfrac{11}{5}$　　　　(B) $\dfrac{7}{3}$　　　　(C) 2

　　(D) 2.5　　　　　(E) 3

4. 在一個體積可變的密閉容器內，裝入氨氣 2 公升。若在溫度與壓力不變的條件下使氨分解：

　　$NH_{3(g)} \rightleftharpoons N_{2(g)} + H_{2(g)}$　（係數未平衡）

　　試問當容器內氣體的體積由原來的 2 公升變成 3 公升時，有多少百分比（％）的氨分解？

　　(A) 25　　　　　(B) 50　　　　　(C) 75

　　(D) 80　　　　　(E) 90

5. 下列有關反應熱及物質能量轉換的敘述，何者正確？

　　(A) 一莫耳的純物質，由液體汽化為氣體所需的熱量，少於其由氣體凝結為液體所放出的熱量

　　(B) 有一化學反應，其生成物的莫耳生成熱比反應物的莫耳生成熱小，則此反應為吸熱反應

　　(C) 二氧化碳溶於水的莫耳溶解熱等於二氧化碳的莫耳凝結熱

　　(D) 二氧化碳的莫耳生成熱等於石墨的莫耳燃燒熱

　　(E) 二氧化碳的莫耳汽化熱等於乾冰的莫耳昇華熱

6-7題為題組

本題組與下述酸鹼實驗有關。

步驟：

一. 在五個 150mL 的燒杯中，依表 1 分別滴入試劑（示意如圖 1 ）。

表1　各杯溶液的配備

杯號	試劑	滴數	備　　　　　註
1	NaOH	1	1. NaOH 與 HCl 均為 3.0M 的水溶液。
2	HCl	2	2. BTB 是 0.4% 的溴瑞香草酚藍溶液。
3	BTB	3	3. PP 是 0.4% 的酚酞溶液。
4	NaOH	4	4. 每滴體積相等，均為 0.10mL。
5	PP	5	

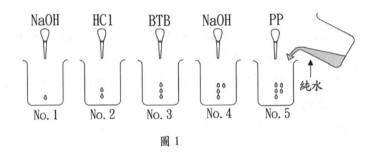

圖 1

二. 在各杯內滴入試劑後，倒 80mL 的蒸餾水於 5 號杯，得無色溶液。

三. 將 5 號杯的無色溶液，全部倒入 1 號杯，則溶液立即呈現粉紅色。

四. 將 1 號杯的粉紅色溶液倒 60mL 於 2 號杯，結果溶液褪為無色。

五. 將 2 號杯的無色溶液 60mL 全部倒入 3 號杯，結果溶液變為 *x* 色。

六. 將 3 號杯的 *x* 色溶液倒 20mL 於 4 號杯，結果溶液變為紫色。

參考表 2 指示劑的顯色，回答第 6-7 題。

表2　指示劑的顏色

指示劑	酸性	中性	鹼性
BTB	黃	綠	藍
酚酞	無	無	粉紅

6. 試問 x 是什麼顏色？

　(A) 黃　　　(B) 綠　　　(C) 藍　　　(D) 紫　　　(E) 粉紅

7. 將作完步驟六後的所有杯中溶液倒在一起，結果溶液會呈現什麼顏色？

　(A) 黃　　　(B) 綠　　　(C) 藍　　　(D) 紫　　　(E) 粉紅

8. 四氧化二氮與甲聯胺（CH_3NHNH_2）的反應為登月小艇脫離月球返回地球時所用的動力來源。此二化合物反應的生成物為水、氮氣與二氧化碳。試問此反應的平衡化學反應式中，水與氮氣的係數比為何？

　(A) 4：3　　(B) 3：4　　(C) 3：2　　(D) 3：1　　(E) 1：3

9. 乙醇俗稱酒精。下列有關酒精的敘述，何者正確？

　（甲）純酒精與乙酸反應會產生乙酸乙酯

　（乙）在純酒精中，投入金屬鈉會產生氫氣

　（丙）純酒精經濃硫酸脫水後，可產生乙烯或乙醚

　（丁）酒精中是否含有水，可以用白色的硫酸銅來檢驗

　（戊）工業上製備無水酒精，較經濟的方法是先加無水硫酸銅乾燥後蒸餾

　(A) 甲乙丙　　　　　(B) 乙丙丁　　　　　(C) 甲丁戊

　(D) 甲乙丙丁　　　　(E) 甲乙丙戊

10. 針對氨、氖、苯及硫化氫四種物質，各在其液態的粒子間作用力
　　之敘述，何者正確？
　　(A) 氨不具有氫鍵
　　(B) 苯與硫化氫不具有分散力
　　(C) 氨與硫化氫均具有偶極作用力
　　(D) 苯為對稱分子，故無凡得瓦力
　　(E) 氖係以單原子存在，故其粒子間無作用力

11. 小華將 8.4 克的某液態化合物置於
　　8.2 升體積固定的密閉容器中，自
　　280K 開始加熱，溫度逐漸升至
　　360K。小華記錄容器內氣體壓力
　　隨溫度的變化如圖 2。
　　試問此化合物之分子量（g/mol）
　　最接近下列哪一數值？
　　(A) 60　　　　(B) 72
　　(C) 84　　　　(D) 96
　　(E) 108

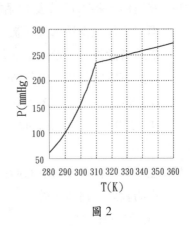

圖 2

12. 濃度均為 0.1M 的下列五種物質的水溶液：
　　（甲）NH_3　　　（乙）NH_4Cl　　　（丙）CH_3COOH
　　（丁）CH_3COONa　　　（戊）CH_3COONH_4
　　試問其 pH 值由低至高的排列順序，下列哪一選項正確？
　　(A) 乙丙戊甲丁　　　　　　(B) 丙乙丁戊甲
　　(C) 乙丙丁甲戊　　　　　　(D) 戊丙乙甲丁
　　(E) 丙乙戊丁甲

13. 化合物甲的結構式如圖 3，下列哪一選項是化合物甲的正確中文系統命名？

(A) 6-甲基-3-辛酮

(B) 2-乙基-5-庚酮

(C) 3-甲基-6-辛酮

(D) 1, 2-二甲基-5-庚醛

(E) 1, 2-二甲基-3-庚醛

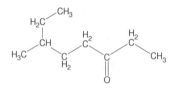

圖3　化合物甲

14. 在室溫，將 1.17 克氯化鈉加入於一裝有 400 克水的燒杯中，充分攪拌，俟完全溶解後，置燒杯於溫度為 –0.46 ℃ 的冰箱中。試問經長時間後，此溶液最多能析出約幾克的冰？（已知水的莫耳凝固點下降常數為 1.86 ℃/m）

(A) 80　　　　(B) 160　　　　(C) 240

(D) 320　　　　(E) 360

15. 配位化合物 $Pt(NH_3)_2(C_2O_4)$ 可做癌症療藥。下列關於該配位化合物的敘述，何者正確？

(A) 沒有異構物　　　　　　(B) 有三種配位基

(C) 配位數是 4　　　　　　(D) 溶在水中時可導電

(E) 最可能的結構是四面體

二、多選題（32 分）

說明：第 16 至 23 題，每題各有 5 個選項，其中至少有一個是正確的。選出正確選項，標示在答案卡之「選擇題答案區」。每題 4 分，各選項獨立計分，每答對一個選項，可得 4/5 分，每答錯一個選項，倒扣 4/5 分，倒扣到本大題之實得分數為零為止。整題未作答者，不給分亦不扣分。

16. 下列分子中，何者具有極性？

    (A) SO_2 　　　　(B) CS_2 　　　　(C) CH_2Cl_2

    (D) NF_3 　　　　(E) $CH_3CH_2OCH_2CH_3$

17. 下列有關鹼金屬的敘述，何者正確？

    (A) 鹼金屬的價層電子組態為 ns^1

    (B) 鹼金屬氧化物的水溶液呈鹼性

    (C) 鋰金屬在水中比鈉金屬容易氧化

    (D) 鹼金屬是強還原劑

    (E) 電解熔融氯化鈉時，鈉會在陽極析出

18. 下列有關碘以及其化合物的敘述，哪些正確？

    (A) 碘化銀可用於製造人造雨

    (B) 碘易溶於含有碘離子的水溶液

    (C) 用澱粉溶液可以驗出碘化鈉水溶液中的碘離子

    (D) 在 NaI 與 MnO_2 混合均勻的粉末中，加入 9M 硫酸後加熱，
        可以產生碘

    (E) 在 1Ml 的 0.1M 碘化鉀中，加入 1mL 的 3% 雙氧水與 2 mL
        的正己烷，搖盪後靜置，在上層會顯出碘的顏色

19. 半導體製程中，氫化砷是摻雜矽晶的重要原料之一，若不慎外洩，
    會污染環境及危害人員。下列有關砷及其化合物的敘述，何者正
    確？

    (A) 砷是類金屬元素 　　　　(B) 氫化砷是離子化合物

    (C) 氫化砷具有分子間氫鍵

    (D) 氫化砷的化學式為 AsH_3

    (E) 矽晶中摻雜砷，可以製成 N 型半導體

20. 下列有關去氧核糖核酸的敘述，哪些選項正確？
    (A) 結構中含有硫酸根
    (B) 結構中糖的成分來自果糖
    (C) 其聚合方式爲縮合
    (D) 以胺基酸爲單體聚合而成
    (E) 其雙股螺旋結構中具有氫鍵

21. 下列有關化學式的敘述，哪些正確？
    (A) 結構式可以表示化合物中原子間的排列情形
    (B) 網狀固體因爲沒有分子的單位，所以無法以結構式表示
    (C) 使用示性式的主要目的是補足分子式未能表示的官能基結構特性
    (D) 從分子式可以得知分子中組成原子的種類、數目與原子連結順序
    (E) 分子化合物的簡式（實驗式）可以從其元素分析數據及組成原子的原子量求得

22. 光合作用是大自然節能減碳的重要程序，其熱化學反應式如下：
    $6CO_{2(g)} + 6H_2O_{(l)} \rightarrow C_6H_{12}O_{6(s)} + 6O_{2(g)}$　　　　$\Delta H° = 2801$ kJ
    下列關於光合作用的敘述，何者正確？
    (A) 降低溫度有利於此反應的平衡往產物的方向移動
    (B) 由此反應式可知，葡萄糖的莫耳生成熱爲 2801 千焦
    (C) 此反應每產生一個葡萄糖分子，至少需要 6 個二氧化碳分子共獲得 24 個電子
    (D) 此反應的平衡常數等於葡萄糖與氧氣反應的反應速率常數（$k_{逆向}$）和二氧化碳與水的反應速率常數（$k_{正向}$）的商值
    (E) 葉綠素未出現在此反應式中，是因其不是反應物也不是生成物，但是葉綠素實際上，確有參與光化學氧化還原反應

23. 將反應物 A 和 B 各 0.040M 置於一密閉容器中，使其反應生成 C，反應過程中各物種濃度隨時間的變化如圖 4 所示。

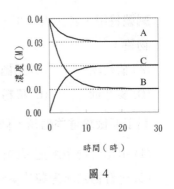

圖 4

下列有關此反應之敘述何者正確？

(A) 此反應可表示為 A + 3B → 2C

(B) 當 B 和 C 的濃度相同時，A 的濃度約為 0.032M

(C) 此反應初速率的絕對值大小順序為 B＞C＞A

(D) 此反應之平衡常數約為 1.3×10^4（係數為最簡單整數者）

(E) 在圖中 B 和 C 的交點處，B 的消耗速率與 C 的形成速率相同

第貳部分：非選擇題（佔 23 分）

說明：本大題共有三題，作答都要用較粗的黑色或藍色的原子筆、鋼珠筆或中性筆書寫。答案必須寫在「答案卷」上，並於題號欄標明題號（一、二、三）與小題號（1、2、...），作答時不必抄題。計算題必須寫出計算過程，最後答案應連同單位劃線標出。每題題分標於題末。

一.已知某元素 R 的氧化物 1.00 克中含有 0.40 克的 R。試回答下列問題：

1. 列出計算式，求出 R 的原子量，並寫出 R 的元素符號。（4 分）

2. 寫出該氧化物的分子式。（2 分）

（提示：作答時，需要參考試題本封面的週期表，由原子量找出 R 所代表的元素。）

二. 編號為甲、乙、丙、丁、戊、己等六種樣品瓶中，可能含有下列
物質：

(A) 葡萄糖　　　(B) 果糖　　　(C) 蔗糖

(D) 麥芽糖　　　(E) 澱粉　　　(F) 纖維素

為了要檢驗這些醣類，做了五個實驗，並將其結果記錄如下：

(1) 由化合物甲所配製的溶液可與碘反應呈深藍色

(2) 化合物乙所配製的溶液與少量的濃硫酸混合加熱可生成丙及丁

(3) 化合物丙、丁及戊均能與斐林試劑反應生成赤褐色 Cu_2O 沉澱

(4) 化合物戊水解可得丁

(5) 化合物己不溶於溫水及冷水，與稀硫酸混合加熱可生成丁

試依據上述實驗結果，回答下列問題：

1. 以 A 至 F 的代號寫出甲、乙、丙、丁、戊、己瓶中各含何種
物質？（6分）

2. 寫出麥芽糖的分子式。（2分）

三. 下列是在特定溫度下利用目視比色法，求平衡常數的實驗。實驗
步驟如下：

步驟 1. 取 5 支規格相同的比色用試管，分別加入 5 毫升的 0.002M
KSCN 溶液，並標記為 1 至 5 號試管。

步驟 2. 取 20 毫升的 0.25M 硝酸鐵水溶液，置於錐形瓶中，標為甲
溶液。

步驟 3. 以吸量管吸取 10 毫升甲溶液，置於另一錐形瓶中並加水稀
釋成 25 毫升，標為乙溶液。

步驟 4. 重複步驟 3 的稀釋程序，以乙溶液配製丙溶液，以丙溶液
　　　　配製丁溶液，以丁溶液配製戊溶液。

步驟 5. 以吸量管取甲溶液 5 毫升加至 1 號試管，並在試管中加入
　　　　一滴硝酸，混合均勻。

步驟 6. 重複步驟 5 的方法，將 5 毫升乙、丙、丁、戊溶液分別加
　　　　至 2 至 5 號試管。

步驟 7. 將 2 至 5 號試管分別與 1 號試管比色，由試管的正上方俯
　　　　視，用滴管從 1 號試管吸出適量溶液，當各試管與 1 號試
　　　　管顏色深淺相同時，記錄各試管與 1 號試管的液面高度比。

1. 寫出此一平衡反應的淨離子反應式？（3分）

2. 丁溶液中 Fe^{3+} 的濃度為何？（3分）

3. 若將 1 號試管血紅色的濃度視為完全反應的結果，當 4 號試管
　 與 1 號試管的顏色深淺相同時，其液面高度比為 4：1。試問 4
　 號試管中血紅色物質的濃度為何？（3分）

九十八年度指定科目考試化學科試題詳解

第壹部分：選擇題

一、單選題

1. **B**

【解析】　甲醛有毒。

2. **E**

【解析】

┌─────────── 小　半徑

↓

大

∴選 (E) Ca。

3. **D**

【解析】　$CH_4 + 2\,O_2 \rightarrow CO_2 + 2\,H_2O$，

$C_3H_8 + 5\,O_2 \rightarrow 3\,CO_2 + 4\,H_2O$，

同溫同壓同體積之 CH_4、C_3H_8 有相同的莫耳數，

$\text{P}\text{V} = n\text{R}\text{T}$，

空氣莫耳數比＝O_2 莫耳數比＝O_2 方程式係數比

　　　　　　　　　　＝2：5。

4. **B**

【解析】　　　　　$2\,NH_3 \rightleftharpoons N_2 + 3\,H_2$

初：2　　　　0　　　0

解：$-2x$　　$+x$　　$+3x$

後：$2-2x$　$+x$　$+3x$

$Vt = 2-2x+x+3x = 2+2x = 3$，　$x = 0.5$，

分解百分比＝$\dfrac{2x}{2} = x = 50\%$。

5. **D**

【解析】(A) 液體汽化熱與氣體凝結熱，同值異號；

(B) 給生成熱：ΔH＝生－反＝小－大＜0，

　　此反應放熱；

(C) 溶　解　熱：$CO_{2(g)} \rightarrow CO_{2(aq)}$，

　　凝結熱：$CO_{2(g)} \rightarrow CO_{2(\ell)}$；

(D) $C_{(S)} + O_2 \rightarrow CO_{2(g)}$：$CO_{2(g)}$ 之莫耳生成熱

　　＝石墨之莫耳燃燒熱；

(E) 液體變氣體放出的熱爲汽化熱，固體變氣體放出

　　的熱爲昇華熱，兩者不同。

6. **A**

7. **D**

【解析】

杯號	試劑	滴數	
1	NaOH	1	鹼性
2	HCℓ	2	酸性
3	BTB	3	指示劑
4	NaOH	4	鹼性
5	PP	5	指示劑

5號＋1號＝酚酞＋鹼＝粉紅色

上述溶液 60 mL＋2號：鹼NaOH＝$1 \times \dfrac{60}{80}$ 滴，

酸HCℓ＝2滴，酸＞鹼，溶液呈酸性，無色；

上述溶液＋BTB，BTB 酸中黃色，溶液呈黃色。

上述溶液＋NaOH 4滴：總NaOH＝$1 \times \dfrac{60}{80}$＋4 滴，

酸HCℓ＝2滴，鹼＞酸，BTB鹼中藍色、酚酞鹼中

粉紅色，藍色＋粉紅色爲紫色。

8. **A**

【解析】 觀察法：$N_2O_4 + CH_3NHNH_2 \rightarrow CO_2 + H_2O + N_2$

$N_2O_4 + \underline{C}H_6N_2 \rightarrow \underline{C}O_2 + \underline{H}_2O + N_2$

先設係數：　x　　　①　　　　1　　　3　　　y

O：$4x = 2 + 3$　　　$x = \dfrac{5}{4}$

N：$2x + 2 = 2y$　　　$\dfrac{10}{4} + 2 = 2y$　　　$y = \dfrac{9}{4}$，

$\therefore \dfrac{5}{4}N_2O_4 + CH_6N_2 \rightarrow CO_2 + 3 H_2O + \dfrac{9}{4}N_2$，

$5 N_2O_4 + 4 CH_6N_2 \rightarrow 4 CO_2 + 12 H_2O + 9 N_2$。

9. **D**

【解析】 甲乙丙丁均對，同學請牢記。

戊：最經濟的方法是加 CaO：$CaO + H_2O \rightarrow Ca(OH)_2$。

10. **C**

【解析】

氨 NH_3	氖 Ne	苯 C_6H_6	硫化氫 H_2S
□＝4	單原子分子	純 C、H	□＝4
n＝3			n＝2
極性	非極	非極	極性
有氫鍵			

(B) 任何分子間均具分散力，

(C) NH_3（極）、H_2S（極）：偶極—偶極力，

(D) (E) 任何分子間均具凡得瓦力。

11. **C**

【解析】 在定容下，只有永久氣體及未飽和蒸汽才符合 P∝T

（即 310～360K），由圖可知完全汽化

應該在 T＝310 K，但較好計算點為 T＝330 K，

$PV = \dfrac{W}{M}RT$ ，$\dfrac{250}{760} \times 8.2 = \dfrac{8.4}{M} \times 0.082 \times 330$，M＝84。

12. **E**

【解析】 (甲) NH_3：鹼　　　　(乙) $\underline{NH_4^+}\ \underline{Cl^-}$：酸
　　　　　　　　　　　　　　　　　　酸　中

　　　　(丙) CH_3COOH：酸　　(丁) $\underline{CH_3COO^-}\ Na^+$：鹼
　　　　　　　　　　　　　　　　　　鹼　　中

　　　　(戊) $\underline{NH_4^+}\ \underline{CH_3COO^-}$：$CH_3COOH = NH_4OH$

　　　　∴呈中性，而鹽之酸鹼性多比弱酸、弱鹼小的多，

　　　　∴酸性：丙＞乙＞戊＞丁＞甲。

　　　　（註：本題給的條件嚴重不足。）

13. **A**

【解析】

$$\underset{8}{CH_3} - \underset{7}{CH_2} - \underset{6}{\overset{\overset{\displaystyle CH_3}{|}}{CH}} - \underset{5}{CH_2} - \underset{4}{CH_2} - \underset{3}{\overset{\overset{\displaystyle O}{\|}}{C}} - \underset{2}{CH_2} - \underset{1}{CH_3}$$

6－甲基－3－辛酮。

14. **C**

【解析】 $NaC\ell$ 分子量 $= 23 + 35.5 = 58.5$，$i = 2$，

$$\Delta T_f = K_f \times C_m \times i = K_f \times \frac{W}{M} \times \frac{1000}{G} \times i$$

$$0.46 = 1.86 \times \frac{1.17}{58.5} \times \frac{1000}{G} \times 2$$

$G = 160$（水），

∴ 結冰量 $= 400 - 160 = 240$。

15. **C 或 A**

【解析】 (A) $C_2O_4^{2-}$ 是雙芽基：$Pt(NH_3)_2(C_2O_4)$，MA_2B_2，

配基雙芽少反式，

∴無順反異構物。

(B) (C) (D) (E) Pt^{2+} 當中心時，其配位數為 4，形狀為平面四邊形。其中 NH_3、$C_2O_4^{2-}$ 均為配基（兩種配基）不解離，故水溶液不導電。

二、多選題

16. **ACDE**

【解析】

(A) SO_2	(B) CS_2	(C) $CH_2C\ell_2$
□ $= 3$	□ $= 2$	不是純 C、H
$n = 2$	$n = 2$	極
極	非極	

(D) NF_3	(E) $CH_3CH_2OCH_2CH_3$
□ $= 4$	不是純 C、H
$n = 3$	極
極	

17. **ABCD**

【解析】(A) 鹼金屬為 IA 族，最外層軌域中只有一個電子。

(B) $M_2O + H_2O \rightarrow 2\,MOH$，MOH 解離出 OH^- 呈鹼性。

(C) 氧化 E^o：$Li > Na$，∴ Li 較易氧化。

(D) 氧化 E^o：$Li > Rb > K > Cs > \ldots\ldots > Na > Mg > \ldots$，鹼金屬之氧化 E^o 均排在前面，∴是強還原劑。

(E) $\underset{陰}{\underline{Na^+}}\ \underset{陽}{\underline{C\ell^-}}_{(\ell)} \rightarrow Na\,(\,陰\,) + \dfrac{1}{2}C\ell_2\,(\,陽\,)$，陽極發生氧化反應。

18. **ABDE**

【解析】(A) 碘化銀的晶體與冰相似，易使飽和水蒸汽凝結。

(B) $I_2 + I^- \rightarrow I_3^-$，可生成三碘錯離子。

(C) 澱粉會與 I_2 呈紫色，不會與 I^- 呈色。

(D) $I^- + H^+ +$ 氧化劑（MnO_2）$\rightarrow I_2$。

(E) 反應如上述，但缺少當催化劑的 H^+，不會產生 I_2；若考慮空氣中二氧化碳使純水呈酸性，則 I_2（M＝254）應在上層（正己烷）出現。

19. **ADE**

【解析】(A) 正確，同學請牢記。

(B) 非金屬元素(H)＋非金屬元素(As)，為分子化合物。

(C) 並無形成氫鍵的條件。

(D) As 鍵結的特性類似 N，易連接 3 個 H。

(E) 矽晶中摻雜 5A 族的元素，可製成 N 型半導體。

20. **CE**

【解析】 去氧核醣核酸（DNA）：五碳醣（去氧核醣）＋含 N

鹼基（嘌呤、嘧啶）＋H_3PO_4，

(A) 結構中含有磷酸根，非硫酸根。

(B) 糖的成分來自去氧核糖。

(C) 醣類之聚合均為縮合聚合。

(D) 不含胺基酸。

(E) 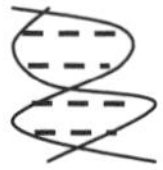 　虛線即表示氫鍵。

21. **ACE**

【解析】 (B) 網狀固體可以用結構式表示。

(C) 正確，示性式中官能基不可分割。

(D) 分子式可以得知原子的種類、數目及分子量，無

法得知原子的連結順序。

(E) 分析出各元素的重量後除以原子量即可得各元素的

最簡整數比，即為簡式。

22. **CE**

【解析】 (A) $6\,CO_{2(g)} + 6\,H_2O_{(\ell)} +$ 能量 $\rightarrow C_6H_{12}O_{6(S)} + 6O_{2(g)}$，

降低溫度會使平衡向反應物方向移動。

(B) 生成熱必為「元素」＋「元素」→ 化合物。

(C)

$$6CO_2 + 6H_2O \rightarrow C_6H_{12}O_6 + 6O_2：4 \times 6 = 24e^-，$$

由此可知需要 6 個二氧化碳,且其共獲得 24 個電子。

(D) 平衡常數＝k(正向)/k(逆向)，和題目敘述相反。

(E) 催化劑。

23. **ABCD**

【解析】 (A) 由圖可知，A 消耗 0.01M、B 消耗 0.03M、C 生成

0.02M，$\therefore$ A $+$ 3 B $\to$ 2 C；

(B) 　　　　A　$+$　3 B　$\to$　2 C

初：0.4　　　　0.4

作：$-$x　　　　$-$3x　　　　$+$2x

平：0.4$-$x　　0.4$-$3x　　　2x

〔B〕$=$〔C〕，0.4$-$3x $=$ 2x，x$=$0.08，

$\therefore$〔A〕$=$ 0.4$-$x $=$ 0.32。

(C) 反應初速率由圖中三條濃度變化曲線一開始的斜率

可看出：B＞C＞A；

(D) K$=\dfrac{(0.02)^2}{(0.01)^3 \times 0.03}=1.3\times10^4$

(E) 交點處兩者斜率不一樣，故速率不一樣。

第貳部分：非選擇題

一、 1. 設 R 之原子量為 A，價數為 n，則此化合物為 R_2O_n，

則 $\dfrac{0.4}{A} : \dfrac{0.6}{16} = 2 : n$，

$\therefore \dfrac{A}{n} = \dfrac{16}{3}$，A$= \dfrac{16}{3} \times n$，

參考週期表，得 R 為 S（硫）、原子量為 32.1、價數為 6。

2. 此氧化物為 SO_3。

二、 1. 澱粉可與碘形成藍黑色錯合物，

　　∴ <u>甲：(E) 澱粉</u>；

2. 蔗糖在酸性溶液中可水解成葡萄糖與果糖，

　　∴ <u>丙、丁是 (A) 葡萄糖或 (B) 果糖</u>；

3. 果糖、葡萄糖、麥芽糖均可與斐林試劑反應，

　　∴ <u>丙、丁、戊是 (A) 葡萄糖或 (B) 果糖或 (D) 麥芽糖</u>；

4. 一分子麥芽糖水解，可得兩分子葡萄糖，

　　∴ <u>丙：(B) 果糖、丁：(A) 葡萄糖、戊：(D) 麥芽糖</u>；

5. 纖維素在酸中，經加熱加壓後可水解成葡萄糖，

　　∴ <u>己：(F)纖維素</u>。

三、 1. $Fe^{3+}{}_{(aq)} + SCN^-{}_{(aq)} \rightarrow FeSCN^{2+}{}_{(aq)}$（血紅色錯離子）。

2. 從甲到丁，每次取其中 10 mL 稀釋成 25mL，共稀釋三次，

　　$(Fe^{3+}) = 0.25\ M \times (\dfrac{10}{25})^3 = 0.016\ M$。

3. ∵ 1 號試管完全反應，等體積混合後濃度減半，

$$Fe^{3+}{}_{(aq)} + SCN^-{}_{(aq)} \rightarrow FeSCN^{2+}{}_{(aq)}$$

混合	0.125	0.001	0
反應	-0.001	-0.001	$+0.001$
平衡	0.124	0	0.001

∴ 1 號試管之（$FeSCN^{2+}$）$= 0.001\ M$。

∵ 兩試管顏色相同，則（ ）$_1\, h_1 = $（ ）$_2\, h_2$，

　　　　　　　　1 號試管　2 號試管

　　　　　　　$0.001 \times 1 = $　$M_2 \times 4$

∴ $M_2 = \dfrac{0.001}{4} = 2.5 \times 10^{-4}\ M$，

∴ 4 號試管之〔$FeSCN^{2+}$〕$= 2.5 \times 10^{-4}\ M$。

九十八學年度指定科目考試（化學）
大考中心公佈答案

題　號	答　　案	題　號	答　　案
1	B	16	ACDE
2	E	17	ABCD
3	D	18	ABDE
4	B	19	ADE
5	D	20	CE
6	A	21	ACE
7	D	22	CE
8	A	23	ABCD
9	D		
10	C		
11	C		
12	E		
13	A		
14	C		
15	C 或 A		

九十八學年度指定科目考試
各科成績標準一覽表

科　目	頂　標	前　標	均　標	後　標	底　標
國　文	65	60	51	42	34
英　文	74	63	44	24	12
數學甲	74	59	38	20	10
數學乙	66	55	39	24	15
化　學	73	62	44	26	16
物　理	72	59	40	22	12
生　物	79	70	56	42	32
歷　史	68	61	52	39	29
地　理	67	62	52	41	30
公民與社會	73	65	52	39	30

※ 以上五項標準均取為整數（小數只捨不入），且其計算均不含缺考生之成績，
　計算方式如下：
　頂標：成績位於第 88 百分位數之考生成績。
　前標：成績位於第 75 百分位數之考生成績。
　均標：成績位於第 50 百分位數之考生成績。
　後標：成績位於第 25 百分位數之考生成績。
　底標：成績位於第 12 百分位數之考生成績。

例：某科之到考考生為 99982 人，則該科五項標準為
　　頂標：成績由低至高排序，取第 87985 名（99982×88%=87984.16，取整數，
　　　　　小數無條件進位）考生的成績，再取整數(小數只捨不入)。
　　前標：成績由低至高排序，取第 74987 名（99982×75%=74986.5，取整數，
　　　　　小數無條件進位）考生的成績，再取整數(小數只捨不入)。
　　均標：成績由低至高排序，取第 49991 名（99982×50%=49991）考生的成績，
　　　　　再取整數(小數只捨不入)。
　　後標：成績由低至高排序，取第 24996 名（99982×25%=24995.5，取整數，
　　　　　小數無條件進位）考生的成績，再取整數(小數只捨不入)。
　　底標：成績由低至高排序，取第 11998 名（99982×12%=11997.84，取整數，
　　　　　小數無條件進位）考生的成績，再取整數(小數只捨不入)。

九十七年大學入學指定科目考試試題
化學考科

說明：下列資料，可供回答問題之參考

一、元素週期表（1～36號元素）

1 H 1.0																	2 He 4.0
3 Li 6.9	4 Be 9.0											5 B 10.8	6 C 12.0	7 N 14.0	8 O 16.0	9 F 19.0	10 Ne 20.2
11 Na 23.0	12 Mg 24.3											13 Al 27.0	14 Si 28.1	15 P 31.0	16 S 32.1	17 Cl 35.5	18 Ar 40.0
19 K 39.1	20 Ca 40.1	21 Sc 45.0	22 Ti 47.9	23 V 50.9	24 Cr 52.0	25 Mn 54.9	26 Fe 55.8	27 Co 58.9	28 Ni 58.7	29 Cu 63.5	30 Zn 65.4	31 Ga 69.7	32 Ge 72.6	33 As 74.9	34 Se 79.0	35 Br 79.9	36 Kr 83.8

二、理想氣體常數 $R = 0.08205$ L atm $K^{-1}mol^{-1} = 8.31$ J $K^{-1}mol^{-1}$

第壹部分：選擇題（佔 78 分）

一、單選題（42 分）

說明：第 1 至 14 題，每題選出一個最適當的選項，標示在答案卡的
「選擇題答案區」。每題答對得 3 分，答錯或劃記多於一個選
項者倒扣 3/4 分，倒扣到本大題的實得分數爲零爲止，未作答
者，不給分亦不扣分。

1. 下列哪一個分子可能擁有環狀結構或具有一個雙鍵？
   (A) $C_5H_{10}Cl_2$
   (B) $C_5H_{10}O$
   (C) $C_5H_{11}Cl$
   (D) $C_5H_{11}ClO$
   (E) $C_5H_{12}O_2$

2. 室溫時，若將 20mL 的 4.0×10^{-2} M HCl 溶液與 40mL 的 5.0×10^{-3} M NaOH 溶液，均勻混合，則混合後溶液的 pH 值最接近下列哪一個數值？

(A) 2.0　　(B) 3.5　　(C) 7.0　　(D) 8.0　　(E) 9.5

3. 在27 °C、一大氣壓下，將 20.0g 的 $MgCO_3$ 加入 500mL 的純水中。經充分攪拌，並靜置一段時間後，取出上層澄清液，並測得其滲透壓為 112mmHg。試問在一大氣壓、27°C 時，$MgCO_3$ 的溶度積常數（K_{sp}）最接近下列哪一個數值？

(A) 3.0×10^{-3}　　　　(B) 1.0×10^{-3}　　　　(C) 9.0×10^{-6}

(D) 3.0×10^{-6}　　　　(E) 1.0×10^{-6}

4. 下列哪一圖中的曲線可以定性描述：苯甲酸（甲，$K_a = 6.6 \times 10^{-5}$）與氫氟酸（乙，$K_a = 6.7 \times 10^{-4}$），在水中的解離度與其濃度的關係？

(A)　　　　　　　　　(B)　　　　　　　　　(C)

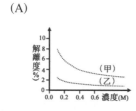 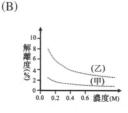 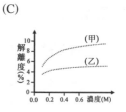

(D)　　　　　　　　　(E)

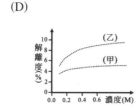 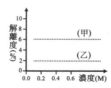

5. 下列有關化學鍵及分子極性的敘述，何者**不正確**？
   (A) 離子鍵主要是由陰離子與陽離子間的靜電引力所造成
   (B) 共價鍵的偶極矩主要是因鍵結電子對在兩鍵結原子間分布不均所致
   (C) 直線形的分子不可能具有極性
   (D) 極性共價鍵中的電子對，通常靠近電負度較大的原子
   (E) 非極性的分子可能具有極性的共價鍵

6. 下列哪一個圖最接近 2.0 莫耳的理想氣體在 3.0 大氣壓下，其體積（L）與絕對溫度（K）的關係？

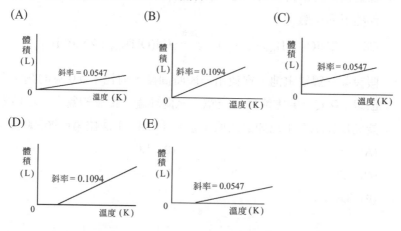

(A) 斜率 = 0.0547
(B) 斜率 = 0.1094
(C) 斜率 = 0.0547
(D) 斜率 = 0.1094
(E) 斜率 = 0.0547

7. 水溶液的沸點與其所含溶質的性質及其濃度有關。試問濃度均為 1.0m 的葡萄糖、果糖及蔗糖水溶液，三者沸點高低順序符合下列哪一項敘述？
   (A) 葡萄糖溶液＞果糖溶液＞蔗糖溶液
   (B) 蔗糖溶液＞葡萄糖溶液＞果糖溶液
   (C) 蔗糖溶液＞葡萄糖溶液＝果糖溶液
   (D) 葡萄糖溶液＞果糖溶液＝蔗糖溶液
   (E) 葡萄糖溶液＝果糖溶液＝蔗糖溶液

8. 新平橡膠是一用途廣泛的橡膠，其結構如圖 1 所示。在適當條件下，試問新平橡膠可由下列哪一選項所建議的化合物聚合而得？

$$\left[CH_2 - CH = CCl - CH_2 \right]_n$$

圖 1

(A) $CH_3CH = CClCH_3$

(B) $HOCH_2CH = CClCH_2OH$

(C) $CH_2 = CH_2$ 與 $CH_2 = CHCl$

(D) $CH_2 = CH - CCl = CH_2$

(E) $HCHO$ 與 $CH \equiv CCl$

9. 鎳鎘電池是市售蓄電池之一，電池電壓為 1.3 伏特，充放電時會伴隨下列反應：

$$Cd_{(s)} + 2NiO(OH)_{(s)} + 2H_2O_{(l)} \underset{充電}{\overset{放電}{\rightleftharpoons}} Cd(OH)_{2(s)} + 2Ni(OH)_{2(s)}$$

假設某一鎳鎘電池，經使用一段時間後，消耗了 5.0 克的鎘。今欲以 2.0 安培的電流為之充電，試問理論上至少約需多少小時始能完成充電？（已知鎘的原子量為 112.4，1 法拉第＝96500 庫侖）

(A) 0.6

(B) 1.0

(C) 1.2

(D) 2.4

(E) 3.6

10. 統計資料顯示：國人去年平均每人消耗汽油 448 公升。假設汽油的主要成分為正辛烷（分子式為 C_8H_{18}，密度為 0.70g/mL，燃燒熱為 -5430kJ/mol），且所使用的汽油完全燃燒成水與二氧化碳，試問 448 公升的汽油完全燃燒所釋放出的熱量約可使多少質量的 $0\,^{\circ}C$ 冰塊（熔化熱為 6.0kJ/mol）融化成 $0\,^{\circ}C$ 的水？

(A) 224 公噸

(B) 44.8 公噸

(C) 2.24 公噸

(D) 448 公斤

(E) 22.4 公斤

11. 環丙烷在高溫時可轉變成丙烯，反應熱為－33kJ/mol，活化能約為 270kJ/mol。若同溫時，環丙烷與丙烯之動能分布曲線幾近相同，試問下列哪一圖示可定性描述上述反應中，正向與逆向反應在不同溫度下的動能分布曲線？（垂直虛線為反應所需之低限能值）

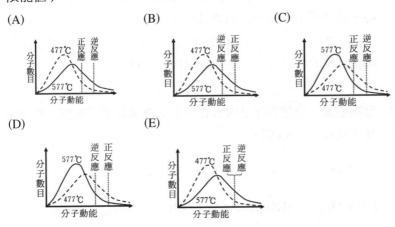

(A)　　　　　　　　(B)　　　　　　　　(C)

(D)　　　　　　　　(E)

12-13題為題組

圖 2 為金屬鈉及其相關化合物的製備流程，其中甲、乙及丙均為含鈉的化合物。

試根據圖 2，回答 12-13 題。

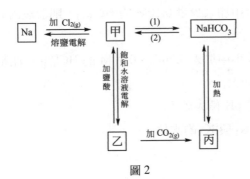

圖 2

12. 試問丙為下列哪一個化合物？
    (A) NaClO   (B) NaCl   (C) NaOH
    (D) Na_2CO_3 (E) $NaHCO_3$

13. 若欲以甲的飽和水溶液製備碳酸氫鈉，則步驟 (1) 中需採用下列哪一個選項所建議的試劑或條件？
    (A) 加熱   (B) 加 $CO_{(g)}$ (C) 加 $HCl_{(aq)}$
    (D) 加 $NaOH_{(s)}$ (E) 加 $NH_{3(g)}$，$CO_{2(g)}$

14. 已知醋酸、醋酸根離子與水在常溫下會進行下述反應，其平衡常數分別為 K_1、K_2 與 K_w：

$$CH_3COOH_{(aq)} + H_2O_{(l)} \rightleftharpoons CH_3COO^-_{(aq)} + H_3O^+_{(aq)} \qquad K_1 = 1.8 \times 10^{-5}$$

$$CH_3COO^-_{(aq)} + H_2O_{(l)} \rightleftharpoons CH_3COOH_{(aq)} + OH^-_{(aq)} \qquad K_2$$

$$2H_2O_{(l)} \rightleftharpoons H_3O^+_{(aq)} + OH^-_{(aq)} \qquad K_w$$

今以 50mL、0.50M 的醋酸水溶液與等體積、等濃度的醋酸鈉溶液混合製得溶液甲，試問下列敘述，哪一項是正確的？

(A) K_1 小於 K_2

(B) 於溶液甲中加入少量 0.10M 的 $HCl_{(aq)}$，則溶液的 pH 值會大幅下降

(C) 若在溶液甲中加入 5.0mL、0.10M 的 $HCl_{(aq)}$，則溶液中醋酸的 K_1 會變大

(D) 溶液甲的 pH 值大於 5

(E) K_w 等於 K_1 與 K_2 的乘積

二、多選題（36分）

說明：第15至23題，每題各有5個選項，其中至少有一個是正確的。選出正確選項，標示在答案卡之「選擇題答案區」。每題4分，各選項獨立計分，每答對一個選項，可得4/5分，每答錯一個選項，倒扣4/5分，倒扣到本大題之實得分數為零為止。整題未作答者，不給分亦不扣分。

15. 下列哪些分子的電子點式，其每個原子（氫除外）均遵循八隅體規則？
    (A) BH_3
    (B) N_2O_4
    (C) SF_6
    (D) O_3
    (E) NO_2

16. 下列有關羧酸、醚及醇類的敘述，哪些是正確的？
    (A) 乙二酸俗稱草酸，分子式為 $C_2H_2O_4$
    (B) 丙三醇俗稱甘油，分子式為 $C_3H_8O_3$
    (C) 乙二酸的沸點高於乙酸
    (D) 乙醚中氧原子的兩側均為乙基，因此乙醚不具極性
    (E) 甲醚與乙醇互為同素異形體

17. 含有碳、氫、氧的化合物進行元素分析時，須先將分析物完全氧化後，再以不同的吸收管吸收所生成的二氧化碳及水蒸氣。下列有關元素分析實驗的敘述，哪些是正確的？
    (A) 可用含水的過氯酸鎂吸收水蒸氣
    (B) 可用氫氧化鈉吸收二氧化碳
    (C) 化合物的含氧量，可由所生成的水蒸氣及二氧化碳中的含氧量，相加求得
    (D) 由元素分析實驗，可直接求得化合物的分子式
    (E) 若以無水氯化亞鈷試紙檢驗實驗中所產生的水蒸氣，則試紙呈粉紅色

18. 下列有關醛與酮的敘述，哪些是正確的？
    (A) 酮可由醛氧化而得
    (B) 2-戊酮與斐林試液反應，產生紅色沈澱
    (C) 丙醛與丙酮均可被還原成醇
    (D) 乙醛與 3-戊酮均可被氧化成羧酸
    (E) 醛與酮可分別由醇氧化而得

19. 王同學欲於通風櫥內製備一氧化氮氣體，其實驗步驟如下：
    步驟 1. 準備一個高為 10cm、直徑為 20cm 的空玻璃槽。
    步驟 2. 取 10.0 克銅粉，置於一 100mL 集氣瓶中，再於此瓶中加滿 0.8M 的 $HNO_{3(aq)}$，瓶口以玻璃片蓋住，並迅速進行步驟 3。
    步驟 3. 以手按住步驟 2 集氣瓶上玻璃片，迅速將集氣瓶反蓋於空玻璃槽中。觀察一氧化氮氣泡的生成。
    步驟 4. 收集滿一集氣瓶的一氧化氮後，以手按住玻璃片，將集氣瓶連同玻璃片取出，正立置於通風櫥內。

    下列有關此實驗的敘述，哪些是正確的？
    (A) 步驟 3 表示一氧化氮不易溶於水，可用排水集氣法收集
    (B) 步驟 3 的反應過程中，溶液會由無色漸變為藍色
    (C) 此反應除產生一氧化氮外，也得到 $H_{2(g)}$
    (D) 此反應中 $HNO_{3(aq)}$ 為氧化劑，將銅氧化為 $Cu^{+}_{(aq)}$
    (E) 將步驟 4 集氣瓶上方的玻璃片移開，集氣瓶上方逐漸變為赤褐色，表示一氧化氮與空氣反應，生成赤褐色的 $N_2O_{4(g)}$

20. 圖 3 是氧的三相圖。圖中實線表示氧以兩種狀態共存時，溫度和壓力的關係線。下列有關此相圖的敘述，哪些是正確的？
    (A) 一大氣壓下，液態氧的沸點約為 90K

(B) 一大氣壓下，固態氧的熔點
約為 80K

(C) 液態氧在 74K 時，其蒸氣
壓約為 300mmHg

(D) 當壓力為 100mmHg、溫
度為 60K 時，氧為液態

(E) 當壓力為 400mmHg、溫
度為 95K 時，氧為液態

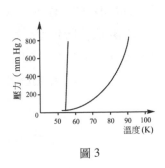

圖 3

21. 一大氣壓下，物質沸點的高低，通常可由液體內粒子間作用力的
大小來判斷。試問下列物質沸點高低的比較，哪些是正確的？
(A) 氖的沸點高於氫
(B) 氯化鎂的沸點高於二氯化硫
(C) 甲胺的沸點高於氟甲烷
(D) 正庚烷的沸點高於正丁烷
(E) 乙酸的沸點高於乙醇

22. 下列有關元素性質的敘述，哪些正確？
(A) 同一原子的游離能和電子親和力的大小相同，僅符號相反
(B) 第二週期原子的電子親和力中，以氟所釋出的能量最大
(C) 第三週期原子的半徑大小隨原子序的增加而增大
(D) 氟原子的電子親和力絕對值大於其游離能
(E) 一般而言，金屬原子的電負度小於非金屬原子的電負度

23. 探討化學反應時，若將反應中的特定原子以同位素替代（標記），
便可得知其反應途徑，例如，在乙酸與乙醇的酯化反應中，若以
氧的同位素 ^{18}O，標記乙醇分子中的氧原子，使之成為 $C_2H_5{}^{18}OH$，

便可得知乙酸乙酯的生成主要是乙酸中的 OH 基被乙醇的 $^{18}OC_2H_5$ 取代所致：

$$CH_3COOH + C_2H_5{}^{18}OH \quad\quad CH_3CO^{18}OC_2H_5 + H_2O$$

因此涉及下述化學鍵斷裂：

並非來自於下述斷裂：

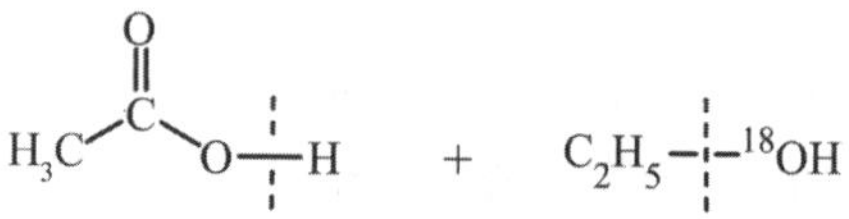

科學家也以類似方法，將水分子中的 ^{16}O 置換成 ^{18}O，藉以探討鐵的生銹反應：

$$2Fe + O_2 + 4H_2{}^{18}O \longrightarrow 2Fe(^{18}OH)_2 + 2H_2O$$

依據上述反應式，下列有關鐵生銹的敘述，哪些是正確的？

(A) 與鐵化合的氧，來自空氣中的氧氣

(B) 與鐵化合的氧，來自溶於水中的氧分子

(C) 與鐵化合的氧，來自水分子中的氧原子

(D) 鐵生銹時，同時進行水的分解

(E) 鐵生銹時，同時有水的產生

第貳部分：非選擇題（佔 22 分）

說明：本大題共有三題，都要用較粗的黑色或藍色的原子筆、鋼珠筆或中性筆書寫。答案必須寫在「答案卷」上，並於題號欄標明題號（一、二、三）與小題號（1、2、…），作答時不必抄題。計算題必須寫出計算過程，**最後答案應連同單位劃線標出**。每題題分標於題末。

一、 王同學欲以實驗測定金屬的原子量，請李老師指導。李老師給
　　 王同學一瓶未貼標籤的常見金屬粉末，建議王同學以氧化法，
　　 測定該金屬的原子量。王同學做實驗，每次以坩堝稱取一定量
　　 的金屬，強熱使其完全氧化，冷卻後再稱其重，扣除坩堝重後，
　　 可得該金屬氧化物的質量。王同學重複做了十多次實驗，就所
　　 得的實驗數據與李老師討論後，選取了較有把握的六次實驗，
　　 其數據如表一：

表一

金屬粉末的質量 (g)	0.10	0.50	0.60	0.70	0.80	0.90
金屬氧化物的質量 (g)	0.17	0.91	1.13	1.29	1.50	1.64

　　 根據表一的實驗數據，回答下列問題：

　　 1. 試在方格紙上以金屬粉末的質量為橫軸（即 x 軸）作圖，求
　　　　 出該金屬的大約原子量。（6 分，須作圖求出其原子量，否
　　　　 則不予計分）

　　 2. 寫出該金屬氧化物的化學式。（2 分）

二、 已知化合物甲與化合物乙均為羧酸，分子式同為 $C_4H_4O_4$，且
　　 化合物甲的熔點比化合物乙高。取化合物甲和化合物乙各 1.0
　　 莫耳，分別與 1.0 莫耳的氫氣在適當的反應條件下反應，均得
　　 化合物丙。試寫出化合物甲、乙及丙的結構式。（6 分，每個
　　 結構式 2 分）

三、 某日王同學整理實驗桌時，發現一瓶未加蓋的水合硫酸鐵（Ⅱ）
　　 （$FeSO_4 \cdot 7H_2O$），其中已有部分晶體變為黃褐色。經詢問老
　　 師，得知是因為部分鐵（Ⅱ）離子被氧化所致。於是王同學決
　　 定分析這瓶試藥中鐵（Ⅱ）離子的含量。他準備了以下器材：

天平、容量瓶（100mL）、燒杯（250mL）、量筒（100mL）、錐形瓶（250mL）、滴定管、滴定管夾、分度吸量管、安全吸球、玻棒、漏斗及鐵架。

實驗過程如下：

步驟 1. 稱取水合硫酸鐵（II）試樣 4.00 克倒入容量瓶中配製成 100mL 的水溶液。

步驟 2. 準確量取步驟 1 之水溶液 50mL 倒入**器材甲**中，再加入 3.0M 硫酸溶液約 30mL，混合均勻。

步驟 3. 將已標定過的 0.05M 過錳酸鉀溶液裝入**器材乙**中，並讀取**器材乙**中溶液體積的最初刻度為 28.25mL。

步驟 4. 以過錳酸鉀溶液滴定**器材甲**中的硫酸鐵（II）溶液，當達到滴定終點時，讀取**器材乙**中的溶液刻度為 48.25mL 。

根據上述實驗回答下列問題：（8 分，每小題各 2 分）

1. 寫出**器材甲**的名稱。

2. 寫出如何以顏色變化來判斷步驟 4 的滴定終點。

3. 寫出步驟 4 的淨離子平衡反應式。

4. 試以滴定數據，計算此水合硫酸鐵（II）試樣中所含鐵的重量百分率。

九十七年度指定科目考試化學科試題詳解

第壹部分：選擇題

一、單選題

1. **B**

【解析】 由 C_nH_{2n+2} 判斷，且 $C\ell$ 併入 H 來看

(A) C_5H_{12}　(B) $C_5H_{10}O$　(C) C_5H_{12}　(D) $C_5H_{12}O$

(E) $C_5H_{12}O_2$　選 (B)

2. **A**

【解析】 $[H^+] = \dfrac{〔酸〕\times V（酸）-〔鹼〕\times V（鹼）}{V（酸）+V（鹼）}$

$= \dfrac{4\times10^{-2}\times20-5\times10^{-3}\times40}{20+40} = 10^{-2}$

pH = 2。

3. **C**

【解析】 $\pi = C_M RT$，$\dfrac{112}{760} = C_M \times 24.6 \times i$，$C_M \times i = 0.006$

又 $MgCO_3 \rightarrow Mg^{2+} + CO_3^{2-}$，

故 $[Mg^{2+}] = [CO_3^{2-}] = 0.003$

$\therefore K_{sp} = (0.003)^2 = 9\times10^{-6}$

4. **B**

【解析】 $\because$ 濃度和解離度是反向關係，故刪去 (C) (D) (E)

又 $\alpha = \sqrt{\dfrac{K_a}{c}}$，且 $K_a（乙）$大於 $K_a（甲）$，故選 (B)

5. **C**

【解析】 直線型分子，亦可能具有極性，如 $C \equiv O$

6. **A**

【解析】 $PV = nRT$，$3 \times V = 2 \times 0.082\ T$

　　　　$\therefore V = 0.0547\ T$。

7. **E**

【解析】 $< T_b = \boxed{K_b} \cdot \boxed{C_m} \cdot i$，$< T_b \bullet i$

　　　　　　　　葡萄糖溶液　果糖溶液　蔗糖溶液

　　　　$i = $　　　1　　　　1　　　　1

　　　　$\therefore < T_b$：葡萄糖溶液 ＝ 果糖溶液 ＝ 蔗糖溶液。

8. **D**

【解析】 $-\!\!\left(CH_2 - CH = CC\ell - CH_2\right)_{\overline{n}}$

　　　　單體：$CH_2 = CH - CC\ell = CH_2$。

9. **C**

【解析】 $Cd_{(S)} \rightarrow Cd^{2+}_{(aq)} + 2e^-$，$\pi = 2$

　　　　法拉第數（Fn）＝ 當量數（En）

　　　　$\dfrac{i \times t}{96500} = \dfrac{W}{M} \times \pi$，$\dfrac{2 \times t}{96500} = \dfrac{5}{112.4} \times 2$，

　　　　$t = 4293$ 分 ≒ 1.2 小時。

10. **B**

【解析】 放熱 $= \dfrac{W}{M} \times Q = \dfrac{V \times d}{M} \times Q$

汽油燃燒放熱 = 水吸熱

$\dfrac{V \times d}{M} \times Q = \dfrac{W}{18} \times < H_m$

$\dfrac{448 \times 0.7 \times 1000}{114} \times 5430 = \dfrac{W}{18} \times 6$ ，

$W = 44811789$ 克 $= 44.8$ 噸。

11. **A**

【解析】 溫度 T 越高，分子平均動能越大。

反應為放熱，則正反應活化能＜逆反應活化能。

故選 (A)

12-13 題為題組

12. **D**

【解析】 $Na_{(S)} + Cl_{2(g)} \rightarrow NaCl_{(S)}$，甲：$NaCl$。

$NaCl_{(aq)}（濃）+ H_2O \xrightarrow{\text{電解}} Cl_{2(g)} + H_{2(g)} + NaOH_{(aq)}（乙）$。

$2\,NaOH_{(aq)} + CO_{2\,(g)} + H_2O \rightarrow Na_2CO_3 + 2\,H_2O$

$NaHCO_3 \xrightarrow{\Delta} Na_2CO_3 + CO_2 + H_2O$。

13. **E**

【解析】 $NaCl_{(aq)}（濃）+ NH_3 \rightarrow NH_4^+ + Cl^- + Na^+ + OH^-$。

$Na^+ + OH^- + CO_{2(g)} \rightarrow NaHCO_3$。

14. **E**

【解析】　$CH_3COOH_{(aq)} + H_2O_{(\ell)} \rightleftharpoons CH_3COO^-_{(aq)} + H_3O^+_{(aq)}$

$K_1 = 1.8 \times 10^{-5}$ ……… ①

$CH_3COO^-_{(aq)} + H_2O_{(\ell)} \rightleftharpoons CH_3COOH_{(aq)} + OH^-_{(aq)}$

K_2 ……… ②

$2\,H_2O_{(\ell)} \rightleftharpoons H_3O^+_{(aq)} + OH^-_{(aq)}$　　　　K_w ……… ③

① + ② : $2\,H_2O_{(\ell)} \rightleftharpoons H_3O^+_{(aq)} + OH^-_{(aq)}$,

故 $K_w = K_1 \times K_2$,

(A) (E) $10^{-14} = 1.8 \times 10^{-5} \times K_2$, $K_2 = 5.5 \times 10^{-10}$,

$\therefore K_1 > K_2$ 。

(B) (C) (D) 甲：50 mL、0.50 M 的 CH_3COOH + 50 mL、

0.50 M 的 CH_3COONa。

弱酸＋弱酸之鹽為緩衝溶液，加入酸鹼 pH 幾近不變。

$[H^+] = K_1 \dfrac{酸}{鹽} = 1.8 \times 10^{-5} \dfrac{50 \times 0.5}{50 \times 0.5} = 1.8 \times 10^{-5}$,

pH = 5 − log 1.8 < 5 。

二、多選題

15. **BD**

【解析】　(A) BH_3　　(B) N_2O_4　　(C) SF_6　　(D) O_3　　(E) NO_2

　　　　　特例　　　　雙中心　　　□＝6　　　□＝3　　　特例

超八

16. **ABC**

【解析】 (D) $C_2H_5OC_2H_5$，支鏈換 H，HOH，sp^3（p^2）彎曲型，極性分子。

(E) 甲醚與乙醇互為同分異構物、

17. **BE**

【解析】 (A) 用無水過氯酸鎂吸 H_2O。

(C) 化合物之含氧量＝總重–H_2O 之 H–CO_2 之碳。

(D) 元素分析只能求得化合物之實驗式。

(E) $CoC\ell_2$（無水）（藍色）＋$H_2O \rightarrow CoC\ell_2 \cdot 6\,H_2O$（粉紅色）。

18. **CE**

【解析】 (A) $2°$ 醇 $\xrightarrow{\text{氧化}}$ 酮。

(B) 酮＋斐林 $\rightarrow$ X。

(D) 酮不可氧化成酸。

19. **AB**

【解析】 $3Cu_{(S)} + 8HNO_3 \rightarrow 3Cu(NO_3)_2$（藍）$+ 2NO + 4H_2O$。

(C) 氧化電位：$H_2 > Cu$，故不與酸產生 H_2。

(D) $Cu \rightarrow Cu^{2+} + 2e^-$。

(E) $2NO + O_2 \rightarrow 2NO_2$。

20. **AD**

【解析】 (B) 1atm 下 $O_{2(S)}$ 熔點爲 55K

(C) $O_{2(\ell)}$ 在 74K 時蒸氣壓約爲 200 mmHg

(E) P = 400 mmHg、T = 95K 氧爲氣態。

21. **BCDE**

【解析】 (A) 分子量：He＞Ar，∴沸點：Ar＞He。

(B) 沸點：離子晶體＞分子晶體，

∴沸點：$MgC\ell_2$（離子）＞$SC\ell_2$（分子）。

(C) 甲胺有氫鍵，∴沸點：甲胺＞氟甲烷。

(D) 分子量：C_5H_{12}＞C_4H_{10}，∴沸點：C_5H_{12}＞C_4H_{10}。

(E) 氫鍵強度：酸＞醇，∴沸點：甲胺＞氟甲烷。

22. **BE**

【解析】 (A) 游離能與電親力無關

(B) 因氟周圍電子密度太高，故電親力最大

(C) 原子序越大，半徑越小，但鈍氣 8A 不規律

(D) ｜游離能｜＞｜電親力｜

23. **CDE**

【解析】 依題意 $Fe + 2 H_2^{18}O \rightarrow Fe(^{18}OH)_2 + 2H^+ + 2e^-$，

$O_2 + 4H^+ + 4e^- \rightarrow 2H_2O$。

(C) 與鐵化合的氧，來自水分子中的氧原子。

(D) (E) 鐵生銹時，同時進行水的分解與水的合成。

第貳部分：非選擇題

一、 假設氧化物為 MO_y

由表中數據找出一最適斜率：

$$\frac{0.91-0.17}{0.5-0.1}=\frac{0.74}{0.4}=1.85$$

$MO_y : M = 1.85 : 1$

$$\therefore \frac{M+16y}{M}=1.85，$$

$$16y = 0.85M$$

$$y = \frac{1}{2}n，n = 1、2、3……$$

代入並驗證是否有相對應的金屬原子量及所屬的價數

得 $n = 3$ 時，$M = 28$ 接近 $A\ell$ 之原子量

所以化合物為 $A\ell_2O_3$

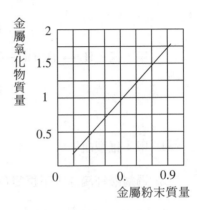

二、 $C_4H_4O_4$，$C_2H_2(COOH)_2$，應有 1 個 π 鍵、2 個酸，又甲與乙分別與 1 莫耳氫反應，故甲乙結構應為一烯二酸，且因甲熔點比乙高，故甲對稱性較乙好。

應為丁烯二酸

<table>
<tr><td align="center">甲</td><td align="center">乙</td></tr>
</table>

HOOC　　　　H　　　　　　　　　HOOC　　　　COOH

　　　C ＝ C　　　　　　　　　　　　　C ＝ C

H　　　　COOH　　　　　　　　　H　　　　H

　　反　式　　　　　　　　　　　　　順　式

丙

甲，乙 + H₂ →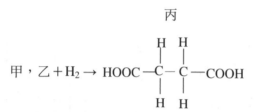

三、 1. 甲：錐型瓶

2. 過錳酸鉀滴進去不再變色

3. $MnO_4^- + 5Fe^{2+} \rightarrow Mn^{2+} + 5Fe^{3+}$

平衡 e^-：左加 $8H^+$

平衡 H：右加 $4H_2O$

∴ $MnO_4^- + 5Fe^{2+} + 8H^+ \rightarrow Mn^{2+} + 5Fe^{3+} + 4H_2O$

4. 氧化劑 En = 還原劑 En

$$C_M \times \frac{V_{mL}}{1000} \times \pi = \frac{W \times P\%}{M} \times \pi$$

$$0.05 \times \frac{20}{1000} \times 5 = \frac{4 \times P\%}{55.8} \times \frac{1}{2} \times 1 \text{，} P\% = 13.95\%$$

九十七學年度指定科目考試（化學）
大考中心公佈答案

題　號	答　　案	題　號	答　　案
1	B	16	ABC
2	A	17	BE
3	C	18	CE
4	B	19	AB
5	C	20	AD
6	A	21	BCDE
7	E	22	BE
8	D	23	CDE
9	C		
10	B		
11	A		
12	D		
13	E		
14	E		
15	BD		

九十七學年度指定科目考試
各科成績標準一覽表

科　目	頂　標	前　標	均　標	後　標	底　標
國　文	64	58	49	38	30
英　文	76	64	41	20	9
數學甲	77	64	43	23	13
數學乙	71	58	39	21	11
化　學	69	56	36	19	10
物　理	63	49	29	14	7
生　物	72	63	49	35	25
歷　史	62	52	37	23	14
地　理	68	62	51	38	27

※ 以上五項標準均取為整數（小數只捨不入），且其計算均不含缺考生之成績，
　計算方式如下：

　頂標：成績位於第 88 百分位數之考生成績。
　前標：成績位於第 75 百分位數之考生成績。
　均標：成績位於第 50 百分位數之考生成績。
　後標：成績位於第 25 百分位數之考生成績。
　底標：成績位於第 12 百分位數之考生成績。

例： 某科之到考考生為 99982 人，則該科五項標準為

　　頂標：成績由低至高排序，取第 87985 名（99982×88%=87984.16，取整數，
　　　　　小數無條件進位）考生的成績，再取整數(小數只捨不入)。
　　前標：成績由低至高排序，取第 74987 名（99982×75%=74986.5，取整數，
　　　　　小數無條件進位）考生的成績，再取整數(小數只捨不入)。
　　均標：成績由低至高排序，取第 49991 名（99982×50%=49991）考生的成績，
　　　　　再取整數(小數只捨不入)。
　　後標：成績由低至高排序，取第 24996 名（99982×25%=24995.5，取整數，
　　　　　小數無條件進位）考生的成績，再取整數(小數只捨不入)。
　　底標：成績由低至高排序，取第 11998 名（99982×12%=11997.84，取整數，
　　　　　小數無條件進位）考生的成績，再取整數(小數只捨不入)。

九十六年大學入學指定科目考試試題
化學考科

說明：下列資料，可供回答問題之參考

一、元素週期表（1~36號元素）

1 H 1.0																	2 He 4.0
3 Li 6.9	4 Be 9.0											5 B 10.8	6 C 12.0	7 N 14.0	8 O 16.0	9 F 19.0	10 Ne 20.2
11 Na 23.0	12 Mg 24.3											13 Al 27.0	14 Si 28.1	15 P 31.0	16 S 32.1	17 Cl 35.5	18 Ar 40.0
19 K 39.1	20 Ca 40.1	21 Sc 45.0	22 Ti 47.9	23 V 50.9	24 Cr 52.0	25 Mn 54.9	26 Fe 55.8	27 Co 58.9	28 Ni 58.7	29 Cu 63.5	30 Zn 65.4	31 Ga 69.7	32 Ge 72.6	33 As 74.9	34 Se 79.0	35 Br 79.9	36 Kr 83.8

二、理想氣體常數 $R = 0.08205$ L atm $K^{-1}mol^{-1} = 8.31$ J $K^{-1}mol^{-1}$

三、標準還原電位

<table>
<tr><td></td><td>標準電位
E^o（伏特）</td><td></td><td>標準電位
E^o（伏特）</td></tr>
<tr><td>$F_{2(s)} + 2e^- \rightleftharpoons 2F^-_{(aq)}$</td><td>2.87</td><td>$Cu^{2+}_{(aq)} + 2e^- \rightleftharpoons Cu_{(s)}$</td><td>0.34</td></tr>
<tr><td>$Au^{3+}_{(aq)} + 3e^- \rightleftharpoons Au_{(s)}$</td><td>1.42</td><td>$2H^+_{(aq)} + 2e^- \rightleftharpoons H_{2(g)}$</td><td>0.00</td></tr>
<tr><td>$Cl_{2(s)} + 2e^- \rightleftharpoons 2Cl^-_{(aq)}$</td><td>1.36</td><td>$Pb^{2+}_{(aq)} + 2e^- \rightleftharpoons Pb_{(s)}$</td><td>- 0.13</td></tr>
<tr><td>$O_{2(g)} + 4H^+_{(aq)} + 4e^- \rightleftharpoons 2H_2O_{(l)}$</td><td>1.23</td><td>$Fe^{2+}_{(aq)} + 2e^- \rightleftharpoons Fe_{(s)}$</td><td>- 0.44</td></tr>
<tr><td>$Ag^+_{(aq)} + e^- \rightleftharpoons Ag_{(s)}$</td><td>0.80</td><td>$Zn^{2+}_{(aq)} + 2e^- \rightleftharpoons Zn_{(s)}$</td><td>- 0.76</td></tr>
<tr><td>$I_{2(s)} + 2e^- \rightleftharpoons 2I^-_{(aq)}$</td><td>0.53</td><td>$Mg^{2+}_{(aq)} + 2e^- \rightleftharpoons Mg_{(s)}$</td><td>- 2.38</td></tr>
</table>

四、計算與單位

$\sqrt{2} = 1.414$ ，　　$\sqrt{3} = 1.732$ ，　　1 奈米 (nm) $= 10^{-9}$ m ，

1 埃 (Å) $= 10^{-10}$ m ，　　1 皮米 (pm) $= 10^{-12}$ m

第壹部分：選擇題（佔 78 分）

一、單選題（48 分）

說明： 第 1 至 16 題，每題選出一個最適當的選項，標示在答案卡的
「選擇題答案區」。每題答對得 3 分，答錯或劃記多於一個選
項者倒扣 3/4 分，倒扣到本大題的實得分數爲零爲止，未作答
者，不給分亦不扣分。

1. 爲達到環境保護及永續經營的目的，化學反應中，反應物的原子，
應儘可能全部轉化爲產物中的原子。若要使下列反應：

$$x\, H_2C = CH_2 + y\, O_2 \longrightarrow z \quad \begin{array}{c} O \\ H_2C \!\!-\!\!-\!\!-\!\! CH_2 \end{array}$$

（式中的係數 x , y , z 均爲整數）

符合環境保護及永續經營的要求，則($x+y+z$)的最小數值爲何？

(A) 4 　　(B) 5 　　(C) 6 　　(D) 7 　　(E) 8

2-3題爲題組

化合物 $A_{2(g)}$ 與 $B_{2(g)}$ 反應生成 $AB_{(g)}$，其反應式如下：

$A_{2(g)} + B_{2(g)} \rightleftharpoons 2AB_{(g)}$

將 0.30 莫耳的化合物 $A_{2(g)}$ 與 0.15 莫耳的化合物 $B_{2(g)}$ 混合在一溫
度爲 $60\,^{\circ}C$，體積爲 V 升的容器內，當反應達到平衡時，得 0.20
莫耳的化合物 $AB_{(g)}$。

2. 試問 $60\,^{\circ}C$ 時，此反應的平衡常數爲何？

(A) 0.20 　　(B) 1.0 　　(C) 2.0 　　(D) 4.0 　　(E) 8.8

3. 已知有關化合物 $A_{2(g)}$，$B_{2(g)}$ 與 $AB_{(g)}$ 的熱化學反應式如下：

$2A_{(g)} \rightleftharpoons A_{2(g)} + 36\ kJ$

$2B_{(g)} \rightleftharpoons B_{2(g)} + 86\ kJ$

$AB_{(g)} + 70\ kJ \rightleftharpoons A_{(g)} + B_{(g)}$

試問下列反應式中的 Q 值為何？

$A_{2(g)} + B_{2(g)} \rightleftharpoons 2AB_{(g)} + Q$ kJ

(A) 18　　(B) 35　　(C) 43　　(D) –35　　(E) –18

4. 圖 1 為三個分別裝有相同理想氣體的定容器，開始時各活栓關閉，各容器內的氣體體積及壓力如圖 1 所示。定溫下，將各活栓打開，當容器內氣體達到平衡後，若忽略各活栓的體積，則容器內的壓力應變為多少大氣壓(atm)？

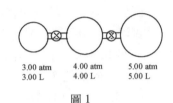

3.00 atm　　4.00 atm　　5.00 atm
3.00 L　　4.00 L　　5.00 L

圖 1

(A) 3.60　　(B) 3.98　　(C) 4.17　　(D) 4.80　　(E) 5.20

5. 三瓶沒有貼標籤的強酸，已知分別裝有濃鹽酸、濃硫酸及濃硝酸。試問下列哪一種物質，可以單獨鑑別這三瓶強酸？

(A) 方糖　　(B) 牛奶　　(C) 金片　　(D) 鉑片　　(E) 銅片

6. 室溫下，將一大氣壓的 $NO_{(g)}$ 充滿於一體積固定的容器內，當加入 $O_{2(g)}$ 時，容器內立即產生赤褐色的氣體 $NO_{2(g)}$。若在加入 $O_{2(g)}$ 的過程中，維持容器的體積與溫度不變，且加入 $O_{2(g)}$ 的速率比 $NO_{(g)}$ 與 $O_{2(g)}$ 的反應速率慢，則下列圖中，哪一個最適合表示容器內混合氣體的總壓力 (P) 與所加入 $O_{2(g)}$ 體積 (V) 的關係？

(A)

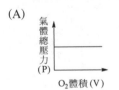

(B)

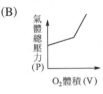

(C)

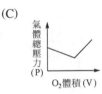

(D)

(E)

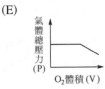

7. 化合物 $A_{(g)}$ 與 $B_{(g)}$ 反應生成 $C_{(g)}$，其反應式如下：
   $2A_{(g)} + 2B_{(g)} \rightarrow 3C_{(g)}$（已知此反應的反應速率式可表示為
   $r = k[A]^2 [B]$）。
   王同學做了兩次實驗。第一次將化合物 $A_{(g)}$ 及 $B_{(g)}$ 各 0.1 莫耳
   置於一個 500 毫升的容器中反應。在相同的溫度下，做第二次
   實驗，將 0.2 莫耳的化合物 $A_{(g)}$ 及 0.1 莫耳的化合物 $B_{(g)}$ 置於
   一個 1000 毫升的容器中反應。試問第二次實驗的反應初速率為
   第一次的幾倍？
   (A) 1/8　　(B) 1/4　　(C) 1/2　　(D) 不變　　(E) 2

8. 表 1 為元素週期表的一部分，甲至戊表元素符號，其中甲的原子
   序為 13。試問表 1 中，哪一個元素的原子半徑最小？
   (A) 甲　　　　(B) 乙
   (C) 丙　　　　(D) 丁　　　　表 1
   (E) 戊

	甲	乙
丙	丁	戊

9. 單層奈米碳管是一個由單層石墨所形成的中空圓柱型分子。圖 2
   為無限奈米碳管的一部分，若按圖 2 所示的方式將單層石墨捲曲
   成一直徑為 1.4 奈米（或 1400 皮米）的奈米碳管，則沿圓柱型
   的圓周繞一圈，需要多少個六圓環？[已知石墨中的碳—碳鍵長
   約為 1.42 埃（或 142 皮米）]
   (A) 14　　(B) 18
   (C) 22　　(D) 26　　　　圖 2
   (E) 30

10. 下列有關乙烷，乙烯，乙炔分子中碳—碳鍵長的比較，哪一個是
    正確的？
    (A) 乙烷＜乙烯＜乙炔　　(B) 乙炔＜乙烷＜乙烯
    (C) 乙炔＜乙烯＜乙烷　　(D) 乙烯＜乙烷＜乙炔
    (E) 乙烯＜乙炔＜乙烷

11. 圖 3 為一個容器內的液體與其蒸氣所形成平
　　衡系統的示意圖。在定溫下，將活塞緩慢往
　　上拉，整個過程中，一直使系統處於平衡狀
　　態，當系統的體積達到 V_1 時，液體全部消
　　失。試問下列哪一個最能表示此系統的壓力
　　隨體積變化的關係圖？

圖 3

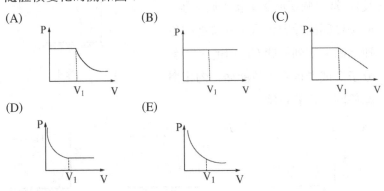

12. 有甲、乙、丙、丁、戊、己、庚等七杯各含 100 毫升濃度不等的
　　鹽酸溶液，各溶液的 pH 值分別為 7.0、6.0、5.0、4.0、3.0、2.0、
　　1.0。今將濃鹽酸逐滴滴入各溶液中，使各溶液的 pH 值，分別降
　　為 6.0、5.0、4.0、3.0、2.0、1.0、0.0。若用各溶液所需加入濃鹽
　　酸的滴數對各溶液的編號作圖，則所形成的曲線，應接近下列哪
　　一個？

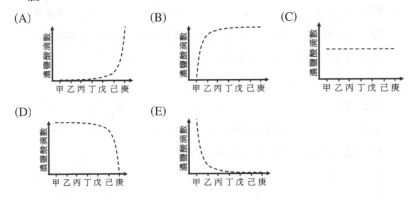

13. 圖 4 為氫原子結合成氫分子的位能變化圖。當二個氫原子逐漸接近時，電子與原子核相互吸引，導致其位能逐漸降低，直至位能最低時（－432kJ/mol），形成最穩定的氫分子。(氫分子的鍵能即為 432 kJ/mol，而此時氫原子核間的距離 (0.74埃)，即為氫分子的鍵長)。當二個氫原子更接近時，因原子核間的斥力大增，其位能亦急速增高。下列有關 Cl_2、Br_2、I_2 等分子形成過程中，位能變化的相對關係圖，何者正確？

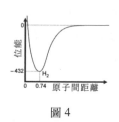

圖 4

(A)
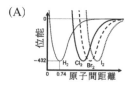

(B)
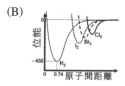

(C)
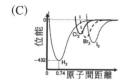

(D)
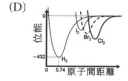

(E)
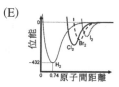

14. 將 $PbI_{2(s)}$（$K_{sp} = 7.1 \times 10^{-9}$）溶於 0.1 公升水中，直至溶液飽和時，其 $Pb^{2+}_{(aq)}$ 與 $I^-_{(aq)}$ 離子濃度隨時間變化的關係如圖 5。若在 T 時間時，將上述飽和溶液加入一 0.1 公升，1.0 M 的 $NaI_{(aq)}$ 溶液中。

試問：下列哪一個最適合表示 T 時間後，[Pb^{2+}] 與 [I^-] 隨時間改變的關係圖？

圖 5

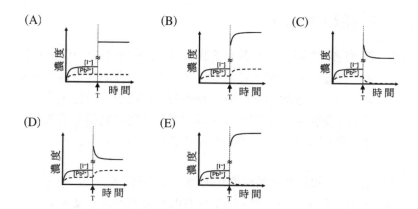

15-16題為題組

王同學取 2.00 克的柳酸（分子量 = 138）與 4.00 毫升的乙酐（分子量 = 102，比重 = 1.08），在濃硫酸的催化下反應，所得產物經純化、再結晶及烘乾後，得到 1.80 克的阿司匹靈。柳酸與乙酐反應生成阿司匹靈的反應式如下：

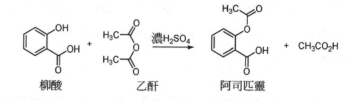

15. 下列哪一個化合物也可與柳酸反應生成阿司匹靈？

(A) 氯乙烯　　(B) 乙醇　　(C) 乙胺　　(D) 溴乙烷　　(E) 乙醯氯

16. 試問王同學在本實驗所得的產率為何 (%)？

(A) 35　　　　(B) 47　　　　(C) 52　　　　(D) 69　　　　(E) 78

二、多選題（30 分）

說明：第 17 至 22 題，每題各有 5 個選項，其中至少有一個是正確
　　　的。選出正確選項，標示在答案卡之「選擇題答案區」。每
　　　題 5 分，各選項獨立計分，每答對一個選項，可得 1 分，每
　　　答錯一個選項，倒扣 1 分，倒扣到本大題之實得分數為零為
　　　止，整題未作答者，不給分亦不扣分。

17. 常溫下，已知硫酸鈣與硫酸鋇的溶度積常數（K_{sp}）分別為
    2.5×10^{-5} 和 1.7×10^{-10}。則下列有關溶液的敘述，哪些是
    正確的？
    (A) 硫酸鈣在純水中的溶解度為 5.0×10^{-3} M
    (B) 硫酸鈣在 0.10M 氯化鈣溶液的溶解度為 2.5×10^{-4} M
    (C) 硫酸鋇在 0.01M 氯化鋇溶液的溶解度為硫酸鋇在純水中溶
    　　解度的一半
    (D) 將 50 毫升 0.01M 氯化鋇溶液，加入 50 毫升 0.01M 硫酸鉀
    　　溶液，會有沉澱產生
    (E) 若將 0.05M 硫酸鉀溶液，逐滴加入一 100mL 含 0.01M 氯
    　　化鋇及 0.01M 氯化鈣的混合水溶液中，則會先產生硫酸鋇
    　　沉澱

18. 某些只含 C、H、O 三種元素的有機化合物，當一莫耳的該化合
    物完全燃燒時，所需氧的莫耳數及所產生水的莫耳數，均與一
    莫耳的甲烷完全燃燒時相同。
    試問下列化合物中，哪些能滿足上述條件？
    (A) HCOOH　　　　(B) HCOOCH$_3$　　　(C) CH$_3$COOH
    (D) C$_2$H$_5$COOH　　　(E) H$_2$C(COOH)$_2$

19. 已知三個相同材質的汽球，分別裝有等莫耳數的 H_2、He、CH_4
　　等三種氣體。假設這些氣體均為理想氣體，則在標準狀態下，
　　對汽球內三種氣體的敘述，哪些是正確的？
　　(A) H_2 的壓力為 He 的 4 倍
　　(B) H_2 汽球內的原子數為 He 汽球內原子數的 2 倍
　　(C) 當 H_2 汽球內的 H_2 逸散出 50% 時，則在同一時間，約有
　　　　35% 的 He 從 He 汽球內逸散出來
　　(D) He 的逸散速率為 CH_4 的 2 倍
　　(E) CH_4 的密度 (克/升) 為 He 的 4 倍

20-21題為題組

　　化石燃料是現今地球上最主要的能源，一般火力發電廠利用燃
燒反應，將化學能轉變為熱能，用來推動發電機以產生電能。
但是使用這種方式，最有效率的發電廠也僅能轉換約 40% 的
化學能為電能。若能利用電化學方法，直接將化學能轉變為電
能，將更有效率，燃料電池即以此種方式產生電能。
　　氫 — 氧燃料電池與甲烷燃料電池所需半反應的標準還原電位
如下：

$O_{2(g)} + 4 H^+_{(aq)} + 4e^- \rightarrow 2H_2O_{(l)}$ 　　　　　　$E° = 1.23$ V
$CO_{2(g)} + 8H^+_{(aq)} + 8e^- \rightarrow CH_{4(g)} + 2H_2O_{(l)}$ 　　$E° = 0.17$ V
$2H^+_{(aq)} + 2e^- \rightarrow H_{2(g)}$ 　　　　　　　　　　$E° = 0.0$ V

燃料電池對外所能做的最大電功為：$W = -nFE°$，
其中：W 為電功，單位焦耳
　　　　F 為法拉第常數，等於 96500 庫倫/莫耳
　　　　E° 為電動勢，單位伏特（V）
　　　　n 為燃燒一莫耳氫或甲烷所轉移的電子莫耳數

20. 下列有關氫—氧與甲烷燃料電池的敘述，哪些是正確的？
    (A) 每產生 1.0 莫耳的水，兩種電池都需要轉移 2.0 莫耳的電子
    (B) 甲烷燃料電池的電動勢為 1.40V
    (C) 氫—氧燃料電池的電動勢為 1.23V
    (D) 甲烷燃料電池每消耗 1.0 莫耳的甲烷，可以產生
        W = －409 kJ 的電功
    (E) 氫—氧燃料電池每消耗 1.0 莫耳的氫氣，可以產生
        W = －237 kJ 的電功

21. 燃料電池能量轉換的最大可能效率為 W/ΔH°，其中ΔH° 是燃料
    的莫耳燃燒熱。已知氫氣與甲烷的莫耳燃燒熱分別是－286 kJ/mol
    與－890 kJ/mol，則下列有關氫—氧與甲烷燃料電池的能量轉換
    與其效率的敘述，哪些是正確的？
    (A) 燃料電池的能量轉換效率比傳統發電機高
    (B) 氫—氧燃料電池的最大可能效率為 83%
    (C) 甲烷燃料電池的最大可能效率為 92%
    (D) 兩種燃料電池的最大可能效率均超過 90%
    (E) 每單位質量的氫—氧燃料電池的最大可能效率比甲烷燃料
        電池高

22. 鐵生鏽是常見的氧化還原反應。反應中，鐵氧化為 $Fe^{2+}_{(aq)}$，而
    氧還原與水反應生成 $OH^-_{(aq)}$。$Fe^{2+}_{(aq)}$ 的檢驗可由 $Fe^{2+}_{(aq)}$ 與
    $K_3[Fe(CN)_6]_{(aq)}$ 反應呈藍色而得知；而 $OH^-_{(aq)}$ 的檢驗，可由
    $OH^-_{(aq)}$ 遇無色的酚酞呈紅色而得知。實驗初始時，王同學將左
    鐵棒的上、下兩端各聯上一鋅片，而在右鐵棒中段聯上一銅片
    （如實驗初始圖），王同學將此二者靜置於含有 $K_3[Fe(CN)_6]_{(aq)}$
    及酚酞的混合膠質溶液中，經一段時間後，發現圖中的甲、乙、

丙、丁、戊、己等六區均有變化，則下列各區的變化，哪些是正確的？

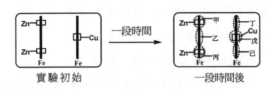

實驗初始　　　　　　　　　　一段時間後

(A) 甲區呈現藍色　　　　　　(B) 乙區呈現紅色
(C) 丙區呈現藍色　　　　　　(D) 丁區產生鐵 (II) 離子
(E) 戊區產生銅 (II) 離子

第貳部分：非選擇題（佔 22 分）

說明：共有三題，都要用較粗的黑色或藍色的原子筆、鋼珠筆或中性筆書寫。答案必須寫在答案卷上，並於題號欄標明題號（一、二、三）與子題號（1、2…），作答時不必抄題。計算題必須寫出計算過程，**最後答案應連同單位劃線標出**。每大題的題分標示於題前。

一、　本題共 8 小題，每小題各 1 分，其答案需從下列 15 種氣體選取，而且必須以（　）內的 A、B、C …… 代號回答。

(A) NH_3　　(B) N_2　　(C) N_2O_3　　(D) N_2O_5　　(E) NO_2
(F) O_2　　(G) CO_2　　(H) C_2H_2　　(I) HF　　(J) F_2
(K) HCl　　(L) HBr　　(M) HI　　(N) H_2S　　(O) SO_2

1. 哪一個氣體溶於水後，呈鹼性？
2. 哪一個氣體通入含有鉛離子的溶液即產生黑色沉澱？
3. 哪一個氣體通入澄清的氫氧化鈣溶液即產生白色沉澱？

4. 哪一個氣體溶於水後，其成分之一的元素，會呈現兩種不同的氧化數？

5. 哪一個無機物的氣體，沒有腐敗的蛋臭味，溶於水呈酸性，能使過錳酸鉀的硫酸溶液褪色？

6. 哪一個氣體分子，其孤對電子數最少？

7. 哪一個氣體可作為燃料，與氧燃燒可得高溫的火焰？

8. 氫鹵酸之外，哪些氣體溶於水後，呈強酸性(只寫出一種)？

二、 本題共 4 小題，每小題各 2 分，其答案需從下列 15 種有機化合物選取，且必須以 (　) 內的 A、B、C……代號回答，並寫出其正確的中文名稱。

1. 哪一個化合物可與二鉻酸鉀溶液反應生成酮類？(寫出代號與其正確的中文名稱)

2. 哪一個化合物可與多侖試液反應得銀鏡？(寫出代號與其正確的中文名稱)

3. 哪一個化合物具有最高的熔點？（寫出代號與其正確的中文名稱）

4. 哪一個化合物可以有反式異構物？（寫出代號與其正確的中文名稱）

三、 本題共 3 小題，每小題各 2 分。

$CaCO_{3(s)}$ 分解為 $CaO_{(s)}$ 與 $CO_{2(g)}$ 的平衡反應式如右：

$CaCO_{3(s)} \rightleftharpoons CaO_{(s)} + CO_{2(g)}$

已知 850 $^\circ$C 時，此反應的平衡常數 K_p = 1.21（以 atm 表示）。

試回答下列問題：

1. 取 1.0 莫耳的 $CaCO_{3(s)}$ 置入一體積為 10.0 公升的容器後，將容器抽至真空，並將容器加熱到 850 $^\circ$C。在此溫度下，當反應達平衡時，容器內氣體的壓力應為幾大氣壓 (atm)？

2. 承上題，定溫下（850 $^\circ$C），將容器體積減為 5.0 公升，並加入 1.35atm 的氮氣，當反應再度平衡時，容器內氣體的壓力應為幾大氣壓 (atm)？

3. 承第 1 小題，定溫下（850 $^\circ$C），再加入 0.1 莫耳的 $CaO_{(s)}$ 於容器中，當反應再度平衡時，容器中的 $CaCO_{3(s)}$ 與 $CO_{2(g)}$ 莫耳數應如何變化？（以<u>增加</u>、<u>減少</u>、<u>不變</u>的方式表示）

九十六年度指定科目考試化學科試題詳解

第壹部分：選擇題

一、單選題

1. **B**

【解析】 $2 H_2C = CH_2 + 1 O_2 \rightarrow 2 \overset{\displaystyle O}{\overset{\diagup \diagdown}{H_2C - CH_2}}$ ，

∴（x＋y＋z）＝2＋1＋2。

2-3題爲題組

2. **D**

【解析】

	$A_{2(g)}$	＋ $B_{2(g)}$	$\rightleftharpoons$ $2AB_{(g)}$
初	0.3	0.15	
作	0.1	0.1	0.2
生	0.2	0.05	0.2

$$K = \frac{(0.2)^2}{0.2 \times 0.05} = 4 \text{。}$$

3. **A**

【解析】 ① $2 A_{(g)} \rightarrow A_{2(g)}$ ，　　　　　　$\Delta H_1 = -36 \text{ kJ}$

② $2 B_{(g)} \rightarrow B_{2(g)}$ ，　　　　　　$\Delta H_2 = -86 \text{ kJ}$

③ $AB_{(g)} \rightarrow A_{(g)} + B_{(g)}$ ，　　　$\Delta H_3 = 70 \text{ kJ}$

④ $A_{2(g)} + B_{2(g)} \rightarrow 2 AB_{(g)} + Q \text{ kJ}$ ，$\Delta H_4 = -Q \text{ kJ}$ ，

④ ＝ －①－②－③ ×2

$$\Delta H_4 = -\Delta H_1 - \Delta H_2 - \Delta H_3 \times 2 = -(-36) - (-86)$$
$$-70 \times 2 = -18 \text{。}$$

$$\therefore Q = +18 \text{ kJ} \text{。}$$

4. **C**

【解析】　打開後　　打開前

$$P_t V_t = P_1 V_1 + P_2 V_2 + P_3 V_3 \text{，}$$

$$(3+4+5) \times P_t = 3 \times 3 + 4 \times 4 + 5 \times 5 \text{，}$$

$$P_t = 4.17 \text{ atm} \text{。}$$

5. **E** 或 **B**

【解析】　　　　　$HC\ell$（濃）$\rightarrow X$，

$Cu + H_2SO_4$（濃）$\rightarrow SO_2$（無色），

HNO_3（濃）$\rightarrow NO_2$（紅棕色）。

$HC\ell$（濃）$\rightarrow X$，

牛奶 $+ H_2SO_4$（濃）$\rightarrow$ 黑色（脫水性），

HNO_3（濃）$\rightarrow$ 黃色（牛奶含蛋白質）。

6. **A** 或 **C** 或 **D**

【解析】　本題有問題。

7. **C**

【解析】　設第一次實驗之反應速率為 S、第二次實驗之反應速率為 R。

$$\because r = k [A]^2 [B] \text{，} \quad \therefore r \propto [A]^2 [B]$$

$$①　\frac{0.1}{0.5}=0.2 \qquad \frac{0.1}{0.5}=0.2 \qquad S$$

$$②　\frac{0.2}{1}=0.2 \qquad \frac{0.1}{1}=0.1 \qquad R$$

$\because r=k〔A〕^2〔B〕，\therefore r\propto〔A〕^2〔B〕$

$$\frac{S}{R}=\left(\frac{0.2}{0.2}\right)^2\left(\frac{0.2}{0.1}\right)=2，\quad R=\frac{1}{2}S。$$

8. **B**

【解析】　依題意，甲為 Aℓ、乙為 Si、丙為 Zn、丁為 Ga、

戊為 Ge，$\because$ 半徑 r ⟶ 小。

大

$\therefore$ 乙（Si）之半徑最小。

9. **B**

【解析】　碳－碳為 1.42Å，組成圓周之邊長為 $1.42\times\dfrac{\sqrt{3}}{2}\times2$ ⬡

圓周＝邊長×2

$14\ \text{Å}\times\pi=1.42\times\dfrac{\sqrt{3}}{2}\times2\times n$

n＝18。

10. **C**

【解析】　鍵長：C－C（乙烷）＞C＝C（乙烯）＞C≡C（乙炔）

11. **A**

【解析】　① 液體存在：飽和蒸氣壓，P＝定值，不符合 PV＝k，

即

② 液體消失：未飽和蒸氣壓，符合 PV＝k，

∴等軸雙曲線。

由①②合併可知：

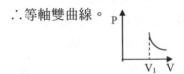

12. **A**

【解析】

pH變化	〔H$^+$〕變化量	滴加HCℓ量	
7到6	10^{-7}到10^{-6}	$\fallingdotseq 10^{-6}$	漸增
6到5	10^{-6}到10^{-5}	$\fallingdotseq 10^{-5}$	
5到4	10^{-5}到10^{-4}	$\fallingdotseq 10^{-4}$	
4到3	10^{-4}到10^{-3}	$\fallingdotseq 10^{-3}$	
3到2	10^{-3}到10^{-2}	$\fallingdotseq 10^{-2}$	
2到1	10^{-2}到10^{-1}	$\fallingdotseq 10^{-1}$	
1到0	10^{-1}到10^{-0}	$\fallingdotseq 10^{-0}$	

∴以等比級數增加，故選 (A)。

13. **E**

【解析】 鍵能：$H_2 > C\ell_2 > Br_2 > I_2$，

鍵長：$H_2 < C\ell_2 < Br_2 < I_2$。

∴選 (E)。

14. **C**

【解析】 由於加入 I^-，造成同離子效應。

$$PbI_{2(S)} \rightarrow Pb^{2+}_{(aq)} + I^-_{(aq)}$$

初： 　　　　平　　　　平

加入： 　　← 平　　　　大　　反應向右

平： 　　　　小　　　　大

故選(C)。

15-16 題為題組

15. **E**

【解析】

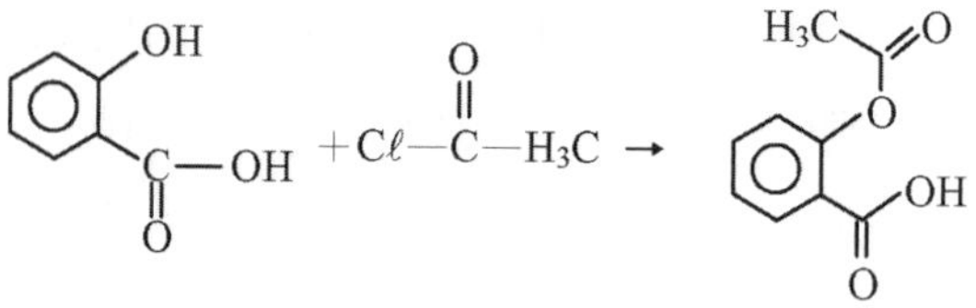

16. **D**

【解析】

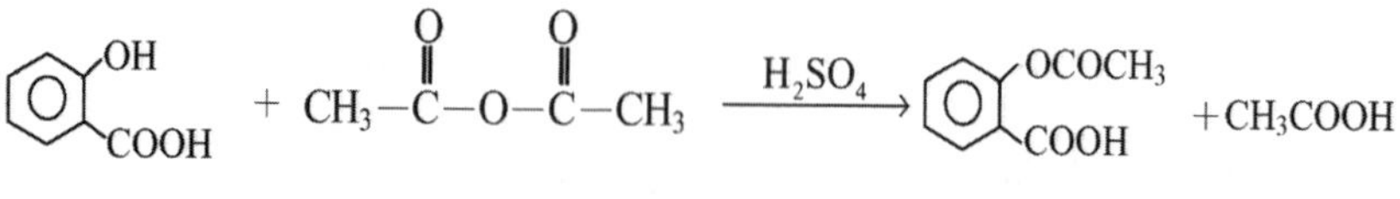

限量試劑

初：$\dfrac{2}{138}=0.015$　　$\dfrac{4\times1.08}{102}=0.042$　　$\dfrac{1.8}{180}=0.01$

作：-0.01　　　　　-0.01　　　　　　$+0.01$

後：0.05　　　　　　0.032　　　　　　　0.01

產率＝$\dfrac{0.01}{0.015}\times100\%=66.7\%$。

二、多選題

17. **ABDE**

【解析】(A) $[Ca^{2+}][SO_4^{2-}]=2.5\times10^{-5}$，$S^2=2.5\times10^{-5}$，

　　　　$S=5\times10^{-3}$ M；

　　(B) $0.10\times[SO_4^{2-}]=2.5\times10^{-5}$，$[SO_4^{2-}]=2.5\times10^{-4}$ M；

　　(C) 純水中：$[Ba^{2+}][SO_4^{2-}]=1.7\times10^{-10}$，$S^2=1.7\times10^{-10}$，

　　　　$S=1.3\times10^{-5}$ M，

　　　　0.01 M $BaC\ell_{2(aq)}$ 中：$0.01\times[SO_4^{2-}]=1.7\times10^{-10}$，

　　　　$[SO_4^{2-}]=1.7\times10^{-8}$；

　　(D) $[Ba^{2+}][SO_4^{2-}]=\dfrac{0.01}{2}\times\dfrac{0.01}{2}=2.5\times10^{-5}$（Ksp）

　　　　恰生沈澱；

　　(E) $BaSO_4$：$[SO_4^{2-}]=\dfrac{1.7\times10^{-10}}{0.01}=1.7\times10^{-8}$，

　　　　$CaSO_4$：$[SO_4^{2-}]=\dfrac{2.5\times10^{-5}}{0.01}=2.5\times10^{-3}$，

　　　　$1.7\times10^{-8}<2.5\times10^{-3}\Rightarrow BaC\ell_2$ 沈澱。

18. **BCE**

【解析】　　$CH_4 + 2\,O_2 \rightarrow CO_2 + 2\,H_2O$，

(A) $HCOOH + O_2 \rightarrow CO_2 + 2\,H_2O$，

(B) $HCOOCH_3 + 2\,O_2 \rightarrow 2\,CO_2 + 2\,H_2O$，

(C) $CH_3COOH + 2\,O_2 \rightarrow 2\,CO_2 + 2\,H_2O$，

(D) $C_2H_5COOH + \dfrac{5}{2}\,O_2 \rightarrow 3\,CO_2 + 3\,H_2O$，

(E) $H_5C_2(COOH) + 2\,O_2 \rightarrow 2\,CO_2 + 2\,H_2O$。

19. **BCDE**

【解析】　∵標準狀態（0℃、1 atm）：即同溫同壓。

(A) 壓力相同。

(B) $n = \dfrac{分}{N}$，∵莫耳數同，∴分子數同，

$\dfrac{原（H_2）}{原（He）} = \dfrac{分 \times 2}{分 \times 1} = \dfrac{2}{1}$。

(C) $R = \dfrac{n}{t} \propto \dfrac{1}{\sqrt{M}}$，同一時間：t 同 ∴$n \propto \dfrac{1}{\sqrt{M}}$，

$\dfrac{n(H_2)}{n（He）} = \sqrt{\dfrac{M（He）}{M（H_2）}} = \sqrt{\dfrac{4}{2}} = 1.414$，$\dfrac{50\%}{n(He)} = 1.414$，

∴n（He）$= 35\%$。

(D) $R \propto \dfrac{1}{\sqrt{M}}$ ， $\dfrac{R(\text{He})}{R(\text{CH}_4)} = \sqrt{\dfrac{M(\text{CH}_4)}{M(\text{He})}} = \sqrt{\dfrac{16}{4}} = \dfrac{2}{1}$ 。

(E) $PM = dRT$ ， $d \propto M$ ， $\dfrac{R(\text{CH}_4)}{R(\text{He})} = \dfrac{M(\text{CH}_4)}{M(\text{He})} = \dfrac{16}{4} = \dfrac{4}{1}$ 。

20-21 題為題組

20. CE

【解析】

氫－氧電池：

$$O_2 + 4\,H^+ + 4\,e^- \rightarrow 2\,H_2O \qquad\qquad E° = 1.23\ V$$

$$+)\quad 2\,H_2 \rightarrow 4\,H^+ + 4\,e^- \qquad\qquad E° = 0 \quad V$$

$$\overline{\quad 2\,H_2 + O_2 \xrightarrow{\ 4e^-\ } \rightarrow 2\,H_2O \qquad\qquad E = 1.23 \quad V\quad}$$

甲烷燃料電池：

$$2\,O_{2(g)} + 8\,H^+_{(aq)} + 8\,e^- \rightarrow 4\,H_2O_{(\ell)} \qquad\qquad E° = 1.23\ V$$

$$+)\quad CH_{4(g)} + 2\,H_2O_{(\ell)} \rightarrow CO_{2(g)} + 8\,H^+_{(aq)} + 8\,e^- \qquad E° = -0.17\ V$$

$$\overline{\quad CH_4 + 2\,O_2 \xrightarrow{\ 8e^-\ } CO_2 + 2\,H_2O \qquad\qquad E = 1.06 \quad V\quad}$$

(A) 氫－氧電池：$2\ mol\ e^-$

　　甲烷燃料電池：$4\ mol\ e^-$

(B) 1.06 V

(C) 氫－氧電池：1.23 V

(D)　$W = -8 \times 96500 \times 1.06 \times \dfrac{1}{1000} = -818.32$

(E)　$W = -2 \times 96500 \times 1.23 \times \dfrac{1}{1000} = -237$

21. **ABCE**

【解析】　效率 $= \dfrac{\text{產生電功}}{\text{總放熱量}}$

(A)(B)(C)(D) 氫—氧燃料電池 $= \dfrac{818.32}{890}$

$= 46\% > 40\%$（一般發電），

甲烷燃料電池 $\dfrac{237}{286} = 83\%$

(E)　單位質量最大可能效率 $= \dfrac{\text{效率}}{\text{分子量}}$，

CH_4 之 $M = 16$，H_2 之 $M = 2$，

甲烷燃料電池 $= \dfrac{92\%}{16} = 5.85\% <$ 氫—氧燃料電池

$= \dfrac{83\%}{2} = 41.5\%$。

22. **BD**

【解析】　氧化 $E° : Zn > Fe > Cu$，

$Zn^{2+}\ Fe^{2+}\ Cu^{2+}$，

甲、丙區：Zn 陰極防銹法，

$Zn + H_2O \rightarrow Zn^{2+} + H_2 + 2\,OH^-$（紅色），

乙區：$Fe \rightarrow Fe^{2+}$（藍色），

丁、己區：$Fe \rightarrow Fe^{2+}$（藍色），

戊區：$Fe \rightarrow Fe^{2+}$（藍色）（銅參與反應）。

第貳部分：非選擇題

一、1. (A) $NH_3 + H_2O \rightarrow NH_4^+ + OH^-$；

2. (N) $Pb^{2+} + S^{2-} \rightarrow PbS_{(S)}$（黑色沉澱）；

3. (G) $Ca(OH)_2 + CO_2 \rightarrow CaCO_3 + H_2O$；

4. (C) $N_2O_3 + H_2O \rightarrow 2HNO_2 \rightarrow HNO_3 + NO$；

5. (D) $SO_2 + H_2O \rightarrow H_2SO_3$，

$5\,H_2SO_3 + 2\,MnO_4 \rightarrow 2\,Mn^{2+} + 5\,SO_4^{2-} + 5\,H_2O$；

6. (H) $HC\equiv CH$：0 對孤對電子；

7. (H) $C_2H_2 + O_2$ 產生高溫（乙炔焰）；

8. (D) $N_2O_5 + H_2O \rightarrow 2\,HNO_3$。

二、1. (G)　環戊醇　　　　　　　　環戊酮

2. (H) 辛炔。　　　$C\equiv C(CH_2)_5—CH_3$ 邊邊炔；

3. (G) 苯甲酸。　　熔點：醯胺＞酸＞醇＞胺＞酯；

4. (O) 2—庚烯。

三、 $CaCO_{3(S)} \rightleftharpoons CaO_{(S)} + CO_{2(g)}$，$Kp = 1.21$ atm ＝Pco_2（平衡）

　∴$PV = nRT$，$1.21 \times 10 = n \times 0.082 \times 1123$，∴$n = 0.1314$ mol，

　∴平衡時，欲保持 1.21 atm 之壓力，CO_2 必須有 0.1314 莫耳

1. 　　　$CaCO_3 \rightleftharpoons CaO + CO_2$

　　　　1　　　→

　　$\underline{-0.1314 \quad\quad 0.1314 \quad\quad 0.1314}$

　　　0.8686　　　0.1314　　　0.1314

　∴達平衡，此時 CO_2 壓力 $P = Kp = 1.21$ atm

　$CaCO_{3(S)} \rightleftharpoons CaO_{(S)} + CO_{2(g)}$，$Kp = 1.21$ atm ＝Pco_2（平衡）

　∴$PV = nRT$，$1.21 \times 5 = n \times 0.082 \times 1123$，∴$n = 0.0657$ mol，

　∴平衡時，欲保持 1.21 atm 之壓力，CO_2 必須有 0.0657 莫耳

2. 　　　$CaCO_3 \rightleftharpoons CaO + CO_2$

　　　　1　　　→

　　$\underline{-0.0657 \quad\quad 0.0657 \quad\quad 0.0657}$

　　　0.9343　　　0.1314　　　0.1314

　∴達平衡，此時 CO_2 壓力 $P = Kp = 1.21$ atm

　$P_t = P_{CO_2} + P_{N_2} = 1.21 + 1.35 = 2.56$ atm。

3. 固體之濃度＝定值，∴加 $CaCO_{3(s)}$ 對平衡無影響，

　∴$CaCO3(s)$ 莫耳數不變，$CO2(g)$ 莫耳數不變。

九十六學年度指定科目考試（化學）
大考中心公佈答案

題　號	答　　案	題　號	答　　案
1	B	16	D
2	D	17	ABDE
3	A	18	BCE
4	C	19	BCDE
5	E（或 B）	20	CE
6	D（或 A 或 C）	21	ABCE（或 ABC）
7	C	22	BD
8	B		
9	B		
10	C		
11	A		
12	A		
13	E		
14	C		
15	E		

九十六學年度指定科目考試
各科成績標準一覽表

科　　目	頂　標	前　標	均　標	後　標	底　標
國　文	70	64	56	45	36
英　文	60	46	26	13	7
數學甲	62	49	33	20	11
數學乙	72	60	43	27	17
化　學	74	61	41	24	15
物　理	68	51	27	12	5
生　物	84	74	56	40	31
歷　史	75	68	55	40	28
地　理	56	50	40	30	21

※ 以上五項標準均取為整數（小數只捨不入），且其計算均不含缺考生之成績，
　計算方式如下：

頂標：成績位於第 88 百分位數之考生成績。
前標：成績位於第 75 百分位數之考生成績。
均標：成績位於第 50 百分位數之考生成績。
後標：成績位於第 25 百分位數之考生成績。
底標：成績位於第 12 百分位數之考生成績。

例： 某科之到考考生為 99982 人，則該科五項標準為

頂標： 成績由低至高排序，取第 87985 名（99982×88%=87984.16，取整數，
　　　小數無條件進位）考生的成績，再取整數(小數只捨不入)。

前標： 成績由低至高排序，取第 74987 名（99982×75%=74986.5，取整數，
　　　小數無條件進位）考生的成績，再取整數(小數只捨不入)。

均標： 成績由低至高排序，取第 49991 名（99982×50%=49991）考生的成績，
　　　再取整數(小數只捨不入)。

後標： 成績由低至高排序，取第 24996 名（99982×25%=24995.5，取整數，
　　　小數無條件進位）考生的成績，再取整數(小數只捨不入)。

底標： 成績由低至高排序，取第 11998 名（99982×12%=11997.84，取整數，
　　　小數無條件進位）考生的成績，再取整數(小數只捨不入)。

九十五年大學入學指定科目考試試題
化學考科

說明：下列資料，可供回答問題之參考

一、元素週期表（1～36號元素）

1 H 1.0																	2 He 4.0
3 Li 6.9	4 Be 9.0											5 B 10.8	6 C 12.0	7 N 14.0	8 O 16.0	9 F 19.0	10 Ne 20.2
11 Na 23.0	12 Mg 24.3											13 Al 27.0	14 Si 28.1	15 P 31.0	16 S 32.1	17 Cl 35.5	18 Ar 40.0
19 K 39.1	20 Ca 40.1	21 Sc 45.0	22 Ti 47.9	23 V 50.9	24 Cr 52.0	25 Mn 54.9	26 Fe 55.8	27 Co 58.9	28 Ni 58.7	29 Cu 63.5	30 Zn 65.4	31 Ga 69.7	32 Ge 72.6	33 As 74.9	34 Se 79.0	35 Br 79.9	36 Kr 83.8

二、理想氣體常數 $R = 0.08205 \text{ L atm K}^{-1}\text{mol}^{-1} = 8.31 \text{ J K}^{-1}\text{mol}^{-1}$

第壹部分：選擇題（佔72分）

一、單選題（48％）

說明：第 1 至 16 題，每題選出一個最適當的選項，劃記在答案卡之「選擇題答案區」。每題答對得 3 分，答錯或劃記多於一個選項者倒扣 1/4 題分，倒扣到本大題之實得分數為零為止，未作答者，不給分亦不扣分。

1. 要配製 0.100M 的標準溶液 100 毫升，最好要使用 100 毫升的下列哪一種儀器？
   (A) 燒杯　　(B) 量筒　　(C) 燒瓶　　(D) 容量瓶　　(E) 錐形瓶

2. 在實驗室製備氣體，收集氣體產物的方法有三：向上排氣法、向下排氣法、排水集氣法。試問下列選項中的哪一種氣體，製備時僅能用向下排氣法收集？
   (A) 氫　　(B) 氨　　(C) 氧　　(D) 氯　　(E) 二氧化碳

3. 某碳氫化合物 2.2 克，經完全燃燒後產生 6.6 克二氧化碳，則此化合物最可能之分子式為何？
   (A) CH_4　　(B) C_2H_6　　(C) C_2H_4　　(D) C_3H_8　　(E) C_4H_{10}

4. 物質 X 燃燒時的化學反應式為
   $$X + 2O_2 \rightarrow CO_2 + H_2O$$（注意：只有產物的係數尚未平衡）
   試問下列選項的哪一個，最有可能是 X？
   (A) H_2　　(B) CO　　(C) CH_4　　(D) CH_3OH　　(E) C_2H_5OH

5. 下列何者是鹼土族原子基態的電子組態？
   (A) $1s^2\ 2s^2\ 2p^5$　　　　(B) $1s^2\ 2s^2\ 2p^6$
   (C) $1s^2\ 2s^1\ 2p^6\ 3s^1$　　(D) $1s^2\ 2s^2\ 2p^6\ 3s^2$
   (E) $1s^2\ 2s^2\ 2p^5\ 3s^2$

6. 在標準狀態下，已知 Zn－Ag 電池電壓爲 1.56 伏特，Zn－Cu 電池電壓爲 1.10 伏特。

   若定　　$Cu^{2+}_{(aq)} + 2e^- \rightarrow Cu_{(s)}$，$E^* = 0.00$ 伏特爲參考點，

   則　　　$Ag^+_{(aq)} + e^- \rightarrow Ag_{(s)}$ 之 E^* 爲幾伏特？

   (A) 0.23　　　(B) 0.46　　　(C) 0.80　　　(D) 1.10　　　(E) 1.56

7. 綠色化學的概念強調化學製程中原子的使用效率，若製程中使用很多原子，最後這些原子卻成爲廢棄物，就不符合綠色化學的原則。原子的使用效率定義爲：化學反應式中，想要獲得的產物的莫耳質量（分子量）除以所有生成物的莫耳質量（分子量）。甲基丙烯酸甲酯是一個製造壓克力高分子的單體，以往是由丙酮製造，完整的製程可以用下列平衡的化學反應式表示：

   $CH_3COCH_3 + HCN + CH_3OH + H_2SO_4 \rightarrow CH_2 = C(CH_3)CO_2CH_3 + NH_4HSO_4$

   新的製程則用觸媒催化丙炔、甲醇與一氧化碳反應直接生成產物：

   $CH_3C\equiv CH + CH_3OH + CO \rightarrow CH_2 = C(CH_3)CO_2CH_3$

   使用丙炔的新製程，沒有製造任何廢棄物，原子使用效率爲 100％。試問使用丙酮製程的原子使用效率，最接近下列哪一項？

   (A) 18％　　　(B) 29％　　　(C) 47％　　　(D) 55％　　　(E) 69％

8-10 題爲題組

　　報載少數商人用一氧化碳處理生魚片，使其色澤紅潤，看起來比較『新鮮』，實際上卻未必如此。生魚片與許多肉類的顏色主要來自肌肉纖維中的肌紅蛋白 (Mb) 與殘存的血紅蛋白 (Hb)（亦即血紅素）。肌紅蛋白與血紅蛋白的主要功能在輸送氧氣與排除二氧化碳。肌紅蛋白分子可以與小分子 X（如氧或一氧化碳）結合。此結合反應式可寫爲

$$Mb_{(aq)} + X_{(g)} \rightleftharpoons MbX_{(aq)}，平衡常數　K = \frac{[MbX]}{[Mb] \cdot p / p_0}$$

p 表示分子 X 的壓力；p_0 表示標準狀態壓力（$p_0 = 1$ atm）

8. 若用附著率 $f = \dfrac{[MbX]}{[Mb]+[MbX]}$ 來描述小分子 X 吸附到肌紅蛋白

分子上的比率，則下列何者正確表示附著率與小分子 X 的壓力關係？

(A) $f = \dfrac{K \cdot p / p_0}{1 + K \cdot p / p_0}$ 　　(B) $f = \dfrac{K + p / p_0}{p / p_0}$ 　(C) $f = \dfrac{p / p_0}{K + p / p_0}$

(D) $f = \dfrac{1 + K \cdot p / p_0}{K \cdot p / p_0}$ 　　(E) $f = K \cdot p / p_0$

9. 在常溫，肌紅蛋白與一氧化碳結合反應的平衡常數（K_{CO}）遠大於與氧結合的平衡常數（K_{O_2}）。試問下列哪一個圖最能代表附著率與此兩種氣體壓力的關係？

(A)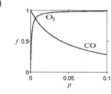

(B)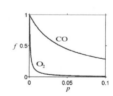

(C)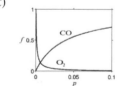

(D)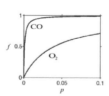

(E)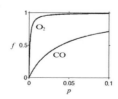

10. 在常溫，一氧化碳的壓力為 10^{-4} atm 時，會有半數肌紅蛋白附著有一氧化碳分子。試問一氧化碳與肌紅蛋白結合的平衡常數為何？

(A) 10^{-4}　　(B) 10^{-2}　　(C) 1　　(D) 10^2　　(E) 10^4

11-12 題為題組

　　根據環保署公布的河川污染調查報告，國內河川中的魚貝體內，有的含有「環境賀爾蒙」，如多溴二苯醚與壬基苯酚。當動物誤食這些魚貝時，會引起基因突變或賀爾蒙分泌失調，因此這些物質被稱為「環境賀爾蒙」。試依據以上敘述，回答問題 11-12。

11. 下列哪一選項正確表示壬基苯酚的分子結構？

(A)　　　　　　　　　　(B) 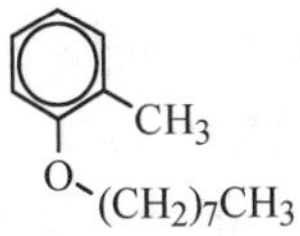　　　　　　　　　　(C)

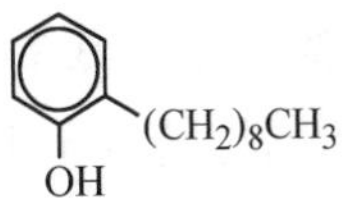

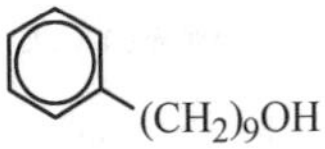

(D) 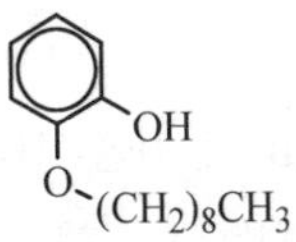　　　　　　　　　　(E)

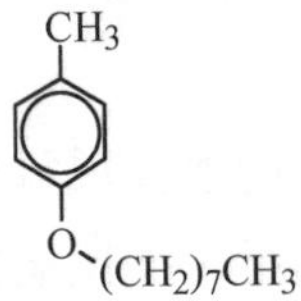

12. 這些環境荷爾蒙均具有高沸點、高脂溶性、以及不易分解的特性。若欲從河底淤泥中萃取多溴二苯醚以供檢測，則下列哪一溶劑最合適？

(A) 純水　　　　　　　(B) 氨水　　　　　　　(C) 稀鹽酸

(D) 食鹽水　　　　　　(E) 乙酸乙酯

13-14 題為題組

市售光纖的內部多呈中空，內徑約數微米。李同學小心將光纖插入軟木塞中，並讓光纖穿透出軟木塞底部。之後，他將軟木塞緊塞在一個有刻度的圓柱管頂端，再將圓柱管固定在一大燒杯中，並在燒杯內盛入水，整個裝置如圖 1 所示。李同學發現若將氣體灌入圓柱管內後，管中的水會被所充入的氣體排開，但若停止充氣，氣體可從光纖中逸出，因此管內的水面會因而緩慢回復至原位置。李同學於是對多種氣體進行實驗，記錄水面回復至原處所需的時間。試根據以上所述，回答問題 13-14。

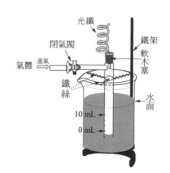

圖 1　氣體逸出裝置

13. 若將氫氣充入圓柱管後，水面從刻度 0 mL 處上升至 10 mL 處需 40 秒。試預測在相同實驗條件下，氧氣充入圓柱管後，水面從刻度 0 mL 處上升至 10 mL 處約需要多少時間？
    (A) 20 秒　　　　(B) 40 秒　　　　(C) 160 秒
    (D) 320 秒　　　　(E) 640 秒

14. 在相同實驗條件下，李同學發現氯化氫從 0 mL 上升至 10 mL 時所耗費的時間比氫氣的長，卻比氧氣的短。試問這一差異主要是下列哪一項因素造成的？
    (A) 氫氣易被液化
    (B) 氧氣的密度較大
    (C) 氫氣的平均動能較高
    (D) 氯化氫在水中的溶解度較高
    (E) 氯化氫易分解成氫氣與氯氣

15-16 題為題組

　　一個已經純化的有機物（醇類或醚類）試樣（含碳 60.0 %；氫 13.3 %）。已知該有機物的一分子內的碳數小於 5，在常溫常壓為液體。今取試樣 0.1337 克，先將其變成氣體後，以取代水的方法收集了水 56.15 毫升（相當於試樣變成氣體的體積）。以上的實驗重做了一次，得到了同樣的數據。做這些實驗時的室溫為 27.0 $^{\circ}$C，而重複兩次讀取壓力計，均得 756.7 mmHg。另外，查表得知在 27.0 $^{\circ}$C時，水的蒸氣壓為 26.7 mmHg。今用以上數據，採取兩種方法計算分子量如下：

（註：本題計算時，原子量以 H＝1.00；C＝12.0；O＝16.0，而溫度 0 $^{\circ}$C＝273.0 K 為準）

　　方法一：

　　碳數　　$\dfrac{60.0}{12.0}＝5.0$　　　2.99　　　3

　　氫數　　$\dfrac{13.3}{1.00}＝13.3$　　　7.96　　　8

　　氧數　　$\dfrac{26.7}{16.0}＝1.67$　　　1　　　　1

　　由以上算法求得實驗式為 C_3H_8O，因為碳數要小於 5，所以該有機物的分子式也等於 C_3H_8O

　　$\therefore$ 分子量＝$(12.0\times3)＋(1.00\times8)＋16.0＝60.0$（g/mol）

　　方法二：

　　純試樣氣體的壓力＝$756.7－26.7＝730.0$（mmHg）

　　$\because PV＝\dfrac{g}{M}RT$

　　$\therefore M＝\dfrac{gRT}{PV}＝\dfrac{0.1337\times82.05\times300.0}{\dfrac{730.0}{760.0}\times56.15}＝61.02$（g/mol）

15. 已知上列計算方法以及運算過程均適當，則該有機物的分子量
　　（g/mol）是下列哪一項？

　　(A) 方法一的 60.0

　　(B) 方法二的 61.02

　　(C) 方法二的，但取三位數 61.0

　　(D) 由兩種方法所得結果的平均值：$\dfrac{60.0+61.02}{2}=60.5$

　　(E) 因方法二做了兩次，加其權數為 2：$\dfrac{60.0+(61.02\times2)}{3}=60.68$

16. 分子式為 C_3H_8O 的有機物有三個，若欲在普通的高中化學實驗
　　室，做實驗來推測該物質是什麼有機物，則下列哪一種方法最
　　方便而有效？

　　(A) 測沸點後查資料　　　　(B) 測熔點後查資料

　　(C) 測滲透壓　　　　　　　(D) 用沸點上升法

　　(E) 用凝固點下降法

二、多選題（24％）

說明：第 17 至 22 題，每題各有 5 個選項，其中至少有一個是正確
　　　的。選出正確選項，劃記在答案卡之「選擇題答案區」。每
　　　題 4 分，各選項獨立計分，每答對一個選項，可得 1/5 題分，
　　　每答錯一個選項，倒扣 1/5 題分，倒扣到本大題之實得分數
　　　為零為止，整題未作答者，不給分亦不扣分。在選項外劃記
　　　者，一律倒扣 1/5 題分。

17. 氫鍵是生物體內一種重要的化學鍵，去氧核糖核酸的雙螺旋結構
　　就是利用氫鍵來維繫的。下列用點線表示的鍵結（不考慮鍵角），
　　哪些是氫鍵？

(A)

H H----H H

(B)

H—O H----H—O H

(C)

H—F----H—F

(D)

H
|
H—N----F
| |
H   H

(E)

H—O--H—O
| CH₃...

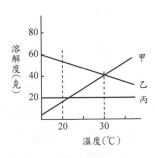

18. 晶體試樣甲、乙、丙三種，假定在小溫度的範圍內，其溶解度（克/100 克水）曲線可簡化為如圖2。今在室溫 20 ^{o}C，配製甲、乙、丙三種試樣的飽和溶液，分別過濾得到澄清溶液後，做了下列實驗。試問下列敘述哪些正確？

圖2 溶解度與溫度的關係

(A) 升溫或降溫，丙溶液都不會有晶體析出來

(B) 若將各溶液分別降溫至 15 ^{o}C，則甲晶體會析出來

(C) 若將各溶液的溫度，從 20 ^{o}C 升溫至 35 ^{o}C，則只有乙晶體會析出來

(D) 若將各溶液升溫至 30 ^{o}C 後過濾，所得澄清溶液在 30 ^{o}C 蒸發。當蒸發到溶液的體積變為原體積的約十分之九時，甲與乙的晶體會析出來

(E) 若將各溶液升溫至 35 ^{o}C 後過濾，所得澄清溶液在 35 ^{o}C 蒸發。當蒸發到溶液的體積變為原體積的約十分之九時，乙與丙的晶體會析出來

19. 若用金絲作為負極，而用與高一化學的「簡易電解實驗」相同的
    方法，電解 1M 的氯化鋅水溶液，則在負極會有鋅沉積在金絲電
    極上。試問實驗後要清洗沾有鋅的金絲電極，可以採用下列哪些
    方法？
    (A) 作為正極，電解 0.1M 的 Na_2SO_4 溶液
    (B) 浸泡於 3M 的氫氧化鈉溶液
    (C) 浸泡於 3M 的食鹽水溶液
    (D) 浸泡於 3M 的鹽酸溶液
    (E) 浸泡於王水

20-22 題為題組

　　天然油脂結構的核心為甘油（$HOCH_2CH(OH)CH_2OH$），有一瘦
身用的非天然油脂，其結構的核心則為蔗糖（$C_{12}H_{22}O_{11}$）。該非天然
油脂可由直鏈型的不飽和油酸（$C_{17}H_{33}COOH$）與蔗糖反應而得，其
反應示意圖如圖 3。（注意：圖 3 的反應式不完整）

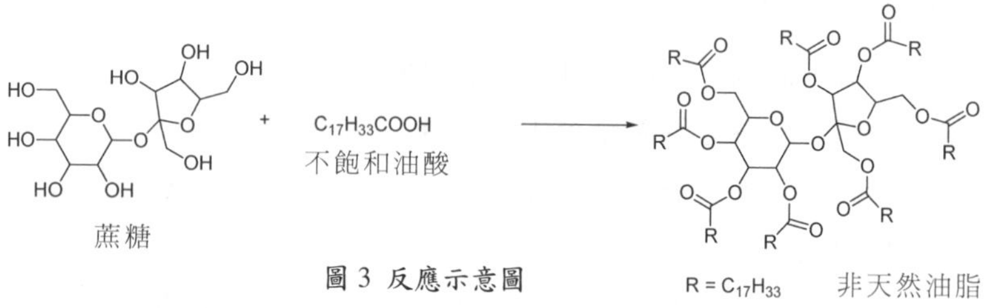

圖 3 反應示意圖　　　　$R = C_{17}H_{33}$　　非天然油脂

20. 試問該非天然油脂含有下列哪些官能基？
    (A) 炔　　　(B) 烯　　　(C) 酯　　　(D) 酮　　　(E) 酸

21. 油酸與蔗糖的反應屬於下列哪些反應？
    (A) 加成反應　　　　(B) 皂化反應　　　　(C) 脫水反應
    (D) 酯化反應　　　　(E) 聚合反應

22. 該非天然油脂與氫氧化鈉溶液共熱，水解後的產物，可與下列哪些試劑反應？
    (A) 斐林試液　　(B) 多侖試液　　(C) 溴的四氯化碳溶液
    (D) 澱粉溶液　　(E) 鹼性過錳酸鉀溶液

第貳部分：非選擇題（佔 28 分）

說明：本大題共有二題都要用較粗的黑色或藍色的原子筆、鋼珠筆或中性筆書寫。答案必須寫在答案卷上，並於題號欄標明題號（一、二）與子題號（1、2…），作答時不必抄題。答案為化學反應式時，必須平衡係數，計算題必須寫出計算過程，最後答案應連同單位劃線標出。每大題的題分標示於題前。

一、（16 分）

實驗課後王同學發現實驗桌上有六瓶試劑未予歸位，可能為醋酸、鹽酸、硫酸、氫氧化鉀、氫氧化鈣以及氨水。王同學取出其中兩瓶，進行簡易分析實驗以辨識二者成分。以下為其實驗記錄：

實驗 I　從第一瓶溶液中取出 25.00 mL，以標準 NaOH 溶液滴定，滴定結果列於表 1 中。

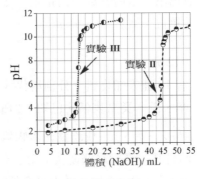

體積(NaOH)/ mL	pH
5.0	2.2
10.0	2.4
20.0	3.0
24.0	3.8
24.8	4.5
25.0	7.0
25.2	9.5
26.0	10.0
30.0	10.7

表 1

圖 4　滴定曲線

實驗 **II**　從第一瓶溶液中取 25.00 mL 後，加入 10.00 mL、0.01 M 的硫酸，再以同一標準 NaOH 溶液滴定，滴定結果繪於圖 4 中。

實驗 **III**　從第一瓶與第二瓶溶液中分別取出 25.00 mL 與 10.00 mL，相互混合之後，再以標準 NaOH 溶液滴定。滴定結果也繪於圖 4 中。

實驗 **IV**　完成實驗 **III** 後，再加入數滴 $BaCl_2$，溶液並無沈澱出現，但若改加草酸鈉，則溶液出現白色沈澱。

1. 在答案紙上，比照圖 4 的繪圖方式，將實驗 I 的滴定結果繪於方格紙內，並以平滑曲線連接各點。【注意：繪圖可以先用鉛筆，但最後要在鉛筆所繪的點與線上，再用原子筆、鋼珠筆或中性筆描繪（包括縱座標與橫座標）。】（4 分）

2. 計算標準 NaOH 溶液的濃度（單位：M）。（3 分）

3. 若在 12.50 mL 標準 NaOH 溶液中加入 12.50 mL、0.01 M 的鹽酸溶液，則最後溶液的 pH 值為何？（3 分）

4. 寫出第一瓶所含成分的正確中文名稱與化學式，並計算其濃度（單位：M）。（3 分）

5. 寫出第二瓶所含成分的正確中文名稱與化學式，並計算其濃度（單位：M）。（3 分）

二、（12 分）

有 10 種未知物質，分別用代號甲、乙、丙、丁、戊、己、庚、辛、壬、癸來表示。已知下列事項：

(1) 甲、乙、丙、丁、戊均為元素物質（只由一種元素所組成的物質），而且其元素均為週期表上第一至第三週期的非金屬元素，而癸、己、庚、辛、壬均係由上述 5 種元素所構成的二元素化合物。

(2) 在常溫常壓，甲與乙為固體；癸為液體，其餘均為氣體。

(3) 癸是日常生活中不可或缺，而且用量最大的化合物。

(4) 甲的原子序小於乙的原子序，而其比為 3 比 8。

(5) 構成庚的兩種原子的質子數比為 3 比 4，而庚為無色無味的有毒氣體，常見於關閉門窗使用瓦斯爐所發生的中毒事件。

(6) 構成辛的兩種元素的質量比約為 7 比 16，而辛為有色，具刺激性的有毒氣體。

(7) 氣體庚與壬具有共同的元素戊。

(8) 乙在空氣中燃燒可得壬。

(9) 丙是癸的成分元素之一，在適當的催化劑與溫壓下，丙與丁作用可得到己。在工業上，己可用於製造化學肥料。

* (10)　丁＋戊→X $\xrightarrow{\text{＋戊}}$ 辛

* 註 (10) 為反應式，表示丁在適當的條件，會與戊反應產生 X，再與戊反應即得化合物辛。

試根據上述事項，並參考題本封面週期表的元素與原子量，推估各未知物甲～癸後，回答下列問題。

1. 用正式的元素符號，寫出下列代號所代表的物質的化學式（包括常溫常壓時的狀態）

(a) 甲　　　　　(b) 庚　　　　　(c) 癸　　　　（6 分）

2. 用正式的元素符號，寫出下列反應的化學反應式（各物質的狀態不需表示，但係數必須平衡）

(d) 乙＋戊→壬　(e) 丙＋丁→己　(f) X＋戊→辛　（6 分）

九十五年度指定科目考試化學科試題詳解

第壹部分：選擇題

一、單選題

1. **D**

   【解析】 配製溶液，欲使體積精確，均使用容量瓶。

2. **B**

   【解析】 向下排氣法用來收集比空氣輕的氣體，本題中有 H_2 和 NH_3，但收集 H_2 亦能用排水集氣法，只有 NH_3 因易溶於水，故僅能使用向下排氣法。

3. **D**

   【解析】 含 C 重：$6.6 \times \dfrac{12}{44} = 1.8$ (克)

   含 H 重：$2.2 - 1.8 = 0.4$ (克)

   $C : H = \dfrac{1.8}{12} : \dfrac{0.4}{1} = 3 : 8 \Rightarrow C_3H_8$

4. **C**

   【解析】 (A) $H_2 + \dfrac{1}{2}O_2 \to H_2O$

   (B) $CO + \dfrac{1}{2}O_2 \to CO_2$

   (C) $CH_4 + 2O_2 \to CO_2 + 2H_2O$

   (D) $CH_3OH + \dfrac{3}{2}O_2 \to CO_2 + 2H_2O$

   (E) $C_2H_5OH + \dfrac{7}{2}O_2 \to 2CO_2 + 3H_2O$

5. **D**

【解析】 鹼土族價電子均為 ns^2

   (A) F   (B) O   (C) Na

   (D) Mg   (E) Na^*（激發態）

6. **B**

【解析】 $\Delta E(Zn - Ag^+)$

   ＝Zn 之氧化電位＋Ag^+ 之還原電位＝1.56V

   $\Delta E(Zn–Cu^{2+})$

   ＝Zn 之氧化電位＋Cu^{2+} 之還原電位＝1.10V

   $\Delta E(Cu–Ag^+)$

   ＝Cu 之氧化電位＋Ag^+ 之還原電位

   ＝$0+Ag^+$ 之還原電位＝0.46V

   $\therefore Ag^+_{(g)} + e^- \rightarrow Ag_{(s)}$ 之 $E^* = 0.46$ V

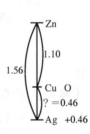

7. **C**

【解析】 由題幹之敘述得知

   原子的使用效率＝$\dfrac{\text{想獲得的產物莫耳質量}}{\text{所有生成物的莫耳質量}}$

   CH_3COCH_3

   ⇒ 丙酮製程之原子使用效率

   ＝$\dfrac{CH_2 = C(CH_3)CO_2CH_3}{CH_2 = C(CH_3)CO_2CH_3 + NH_4HSO_4}$

   ＝$\dfrac{100}{100+115} \times 100\% = 46.5\%$

8-10 題為題組

8. **A**

【解析】 由題組敘述得知

$$Mb_{(aq)} + X_{(g)} \quad MbX_{(aq)} \quad K = \frac{[MbX]}{[Mb] \cdot p/p_0}$$

$$\Rightarrow [MbX] = K \cdot [Mb] \cdot \frac{p}{p_0} \quad 代入附著率 f = \frac{[MbX]}{[Mb] + [MbX]}$$

$$\Rightarrow f = \frac{K \cdot [Mb] \cdot \dfrac{p}{p_0}}{[Mb] + K \cdot [Mb] \cdot \dfrac{p}{p_0}} = \frac{K \cdot [Mb] \cdot \dfrac{p}{p_0}}{[Mb](1 + K \cdot \dfrac{p}{p_0})} = \frac{K \cdot p/p_0}{1 + K \cdot p/p_0}$$

9. **D**

【解析】 由勒沙特列原理得知，氣體壓力 (p) 愈大，與小分子 (X) 結合後的肌紅蛋白分子濃度 ([MbX]) 愈大，附著率 (f) 亦愈大，而平衡常數 (K) 愈大，圖形上升斜率愈大。

10. **E**

【解析】 $$Mb_{(aq)} \quad + \quad X_{(g)} \quad MbX_{(aq)}$$

原： a

10^{-4} atm： $-\dfrac{a}{2}$ $\qquad +\dfrac{a}{2}$

————————————————————

平： $\dfrac{a}{2}$ $\qquad\qquad \dfrac{a}{2}$

$$\Rightarrow K = \frac{[MbX]}{[Mb] \cdot p/p_0} = \frac{\dfrac{a}{2}}{\dfrac{a}{2} \cdot \dfrac{10^{-4}}{1}} = 10^4$$

11-12 題為題組

11. **A**

【解析】 苯酚 ⇒ 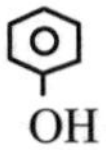 ；壬基 ⇒ $CH_3(CH_2)_8-$ ，故選 (A)

12. **E**

【解析】 乙酸乙酯極性小，可溶多溴二苯醚，且難溶於水，可與水分兩層。

13-14 題為題組

13. **C**

【解析】 $R = \dfrac{V}{t} \propto \sqrt{\dfrac{T}{M}}$ ，在 V（擴散體積），

T（溫度）相同下，$t \propto \sqrt{M}$

$\dfrac{t_{O_2}}{t_{H_2}} = \dfrac{\sqrt{M_{O_2}}}{\sqrt{M_{H_2}}} \Rightarrow \dfrac{t_{O_2}}{40} = \dfrac{\sqrt{32}}{\sqrt{2}}$ 秒

$\therefore t_{O_2} = 160$ 秒

14. **D**

【解析】 承 13 之分析，若 $HC\ell_{(g)}$ 與 $H_{2(g)}$、$O_{2(g)}$ 皆難溶於水，其分子量 36.5，故時間應比 $H_{2(g)}$ 長，但卻比 $O_{2(g)}$ 短，乃因 $HC\ell_{(g)}$ 易溶於水，造成液面上壓力減小，縮短水面從 0 ml 至 10 ml 所需時間。

15-16 題為題組

15. A

【解析】 方法二僅能求得近似分子量，而利用方法一可求得 C、H、O 原子數比，再搭配題意之「碳數小於 5」，故可求得精確分子量。

16. A

【解析】 (C)(D)(E) 僅能測得分子量，(B) 測熔點可能需更換多種冷劑，且可能有過冷問題，故較不方便。

二、多選題

17. CE

【解析】 氫鍵條件：H 接在電負度大之原子（ex：F、O、N）與另一個電負度大之原子（ex：F、O、N）之間所產生之吸引力

如：H_2O 的氫鍵

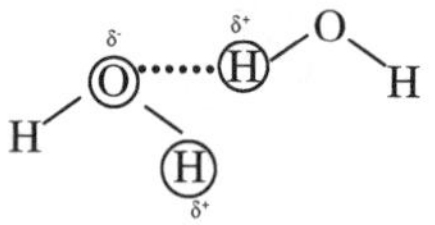

(C)

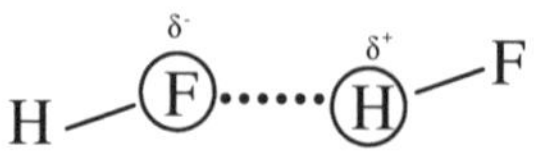

(E)

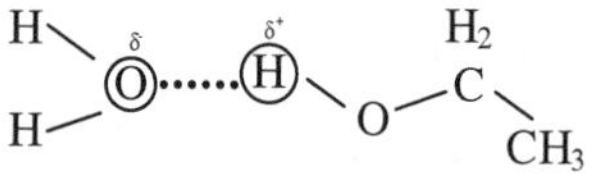

18. **ABCE**

【解析】 由圖可知，於 20°C 時溶解度可得以下訊息

(i) $S_甲 \fallingdotseq \dfrac{18g質}{100g水}$　　$S_Z \fallingdotseq \dfrac{55g質}{100g水}$

$S_丙 \fallingdotseq \dfrac{20g質}{100g水}$

(ii) 甲：T↑，S↑

乙：T↑，S↓

丙：T↑，S 變化很小

今取甲、乙、丙皆飽和溶液

(A) 由 (ii) 知，成立

(B) 由 (ii) 知，成立

(C) 由 (ii) 知，成立

(D) 由 (ii) 知，乙必析出，但依溶解度數值，推測升溫至 30°C，S_甲 幾乎加倍，水只少了 1/10

∴不析出

(E) 由 (ii) 知乙

19. **ABD**

【解析】 (A) 發生：$Zn \rightarrow Zn^{2+} + 2e^-$

(B)(D) 鋅爲兩性金屬，可溶於強酸強鹼中

(C) 沒反應

(E) 金會溶於王水：

$$Au + 4Cl^- + NO_3^- + 4H^+ \rightarrow AuCl_4^- + NO + 2H_2O$$

20-22 題為題組

20. **BC**

【解析】（i）由反應物：<u>不飽和（含烯基）油酸</u> ——— 應選 (B)

（ii）酯化反應：有機酸＋醇→酯＋水 ——— 應選 (C)

21. **CD**

【解析】由酯化反應定義知，此反應既為<u>脫水反應</u> (C)，亦為<u>酯化反應</u> (D)

22. **CE**

【解析】水解後產物為蔗糖及 $C_{17}H_{33}COONa$，而蔗糖非還原醣故 (A)(B) 不選；而 $C_{17}H_{33}COO^-$ 含 $C＝C$，可與 (C) 進行加成反應，與 (E) 發生氧化反應

第貳部分：非選擇題

一、1.

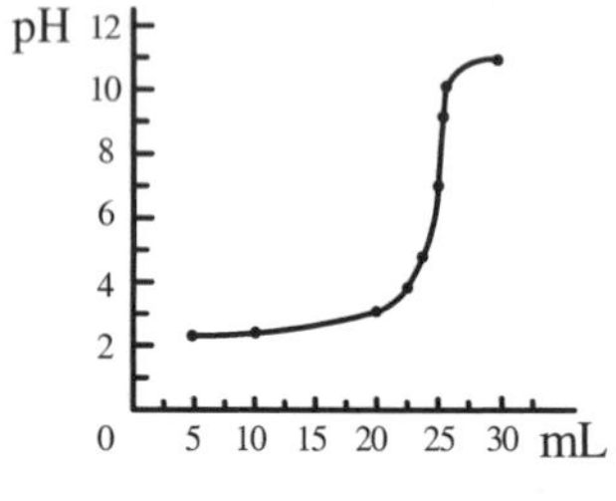

2. 由表 1 數據中，可知當量點 pH＝7，故為強酸強鹼滴定，並知當量點 $V_{NaOH}＝25(mL)$再由圖 4 實驗 II 曲線可知實驗 II 的當量點 $V_{NaOH}＝45(mL)$，故若單純滴定硫酸時，

$$H_2SO_4 \qquad\qquad NaOH$$

$$0.01×2×10＝C_M×1×(45－25)，C_M＝0.01M\cdots\cdots[NaOH]$$

3. 因 [NaOH]＝0.01(M)

則 0.01M 的 NaOH$_{(aq)}$

12.50mL 加 0.01M 的 HC$\ell_{(aq)}$　12.50mL，可完全中和，pH＝7

4. 由表 1 中得知當量點 V$_{NaOH}$＝25(mL)

故　NaOH$_4$　　　　HCℓ
　　0.01×1×25＝C$_M'$×1×25，C$_M'$＝0.01(M) …………[HCℓ]

氫氯酸，HCℓ，0.01(M)

5. 由實驗Ⅲ數據可知第二瓶溶液必為鹼性，再由實驗Ⅳ中白色沈澱只可能為 CaC$_2$O$_{4(s)}$，故第二瓶溶液應為 Ca(OH)$_2$

實驗Ⅲ：　HCℓ　　　　NaOH
　　　　0.01×1×25＝0.01×1×15＋C$_M''$×2×10，C$_M''$＝0.005(M)

氫氧化鈣，Ca(OH)$_2$，0.005(M)

二、(1) (a) C$_{(s)}$　　(b) CO$_{(g)}$　　(c) H$_2$O$_{(\ell)}$

(2) (d) S＋O$_2$→SO$_2$

(e) 3H$_2$＋N$_2$→2NH$_3$

(f) 2NO＋O$_2$→2NO$_2$

甲：由 (1)(2)(4) 為 C$_{(s)}$　　　　乙：由 (1)(2)(4)(7)(8) 為 S$_{(s)}$

丙：由 (1)(2)(9)(10) 為 H$_{2(g)}$　　丁：由 (1)(2)(9)(10) 為 N$_{2(g)}$

戊：由 (1)(2)(7)(10) 為 O$_{2(g)}$　　己：由 (1)(2)(9) 為 NH$_{3(g)}$

庚：由 (1)(2)(5)(7) 為 CO$_{(g)}$　　辛：由 (1)(2)(5)(10) 為 NO$_{2(g)}$

壬：由 (1)(2)(7)(8) 為 SO$_{2(g)}$　　癸：由 (1)(2)(3)(9) 為 H$_2$O$_{(\ell)}$

九十五學年度指定科目考試（化學）
大考中心公佈答案

題　號	答　　案
1	D
2	B
3	D
4	C
5	D
6	B
7	C
8	A
9	D
10	E
11	A
12	E
13	C
14	D
15	A

題　號	答　　案
16	A
17	CE
18	ABCE
19	ABD
20	BC
21	CD
22	CE

九十五學年度指定科目考試
各科成績標準一覽表

科　目	頂　標	前　標	均　標	後　標	底　標
國　文	67	61	52	43	35
英　文	67	51	28	13	7
數學甲	62	50	35	20	12
數學乙	88	78	56	32	19
化　學	71	59	41	25	16
物　理	54	39	22	12	6
生　物	71	60	44	30	22
歷　史	56	49	40	29	20
地　理	60	52	40	29	20

※ 以上五項標準係依各該科全體到考考生成績計算，且均取整數（小數只捨不入），各標準計算方式如下：

頂標：成績位於第 88 百分位數之考生成績。

前標：成績位於第 75 百分位數之考生成績。

均標：成績位於第 50 百分位數之考生成績。

後標：成績位於第 25 百分位數之考生成績。

底標：成績位於第 12 百分位數之考生成績。

心得筆記欄

九十四年大學入學指定科目考試試題
化學考科

說明：下列資料，可供回答問題之參考

一、元素週期表（1～36號元素）

1 H 1.0																	2 He 4.0
3 Li 6.9	4 Be 9.0											5 B 10.8	6 C 12.0	7 N 14.0	8 O 16.0	9 F 19.0	10 Ne 20.2
11 Na 23.0	12 Mg 24.3											13 Al 27.0	14 Si 28.1	15 P 31.0	16 S 32.1	17 Cl 35.5	18 Ar 40.0
19 K 39.1	20 Ca 40.1	21 Sc 45.0	22 Ti 47.9	23 V 50.9	24 Cr 52.0	25 Mn 54.9	26 Fe 55.8	27 Co 58.9	28 Ni 58.7	29 Cu 63.5	30 Zn 65.4	31 Ga 69.7	32 Ge 72.6	33 As 74.9	34 Se 79.0	35 Br 79.9	36 Kr 83.8

二、理想氣體常數 $R = 0.0820 \text{ L atm K}^{-1}\text{mol}^{-1} = 8.31 \text{ J K}^{-1}\text{mol}^{-1}$

第壹部分：選擇題（佔 82 分）

一、單選題（42%）

說明：第 1 至 14 題，每題選出一個最適當的選項，劃記在答案卡之「選擇題答案區」。每題 3 分，答錯或劃記多於一個選項者倒扣 1/4 題分，倒扣到本大題之實得分數為零為止，未作答者，不給分亦不扣分。

1. 據報載：某醫院毒物科主任警告，聚合物 PVC 本身無毒，算是相當穩定的材質，然而使用不當，加熱超過攝氏 60 $^{\circ}$C，PVC 會釋出可能致癌的物質。因此，多位學者專家贊成環保署訂出法規，禁止食品或飲料的包裝膜及容器使用塑膠材質編號為 ⚠3 的 PVC。下列何者為聚合物PVC 的單體？

   (A) $CH_2 = CClCO_2CH_3$　　(B) $CCl_2 = CCl_2$　　(C) $CH_2 = CHCl$

   (D) $C_6H_5CH = CHCl$　　(E) $HC \equiv CCl$

2. 將 25.3 克的碳酸鈉溶於水後，調配成 250mL 的水溶液，試問溶液中，鈉離子的體積莫耳濃度 (M) 為何？

   (A) 0.26　　(B) 0.47　　(C) 0.96　　(D) 1.56　　(E) 1.91

3-4 題為題組

3. 已知 $HCl_{(g)}$ 分解產生 $H_{2(g)}$ 和 $Cl_{2(g)}$ 為一吸熱反應，其反應式如下：

   $$2HCl_{(g)} \rightleftharpoons H_{2(g)} + Cl_{2(g)}$$

   於500 $^{\circ}$C 的平衡常數 (K_c) 為 0.01。若將 1.0 莫耳 $HCl_{(g)}$ 放入體積為 1.0 升，溫度為500 $^{\circ}$C 的容器中，當反應達到平衡時，$HCl_{(g)}$ 的分解百分率 (%) 最接近下列哪一選項？

   (A) 5　　(B) 17　　(C) 25　　(D) 33　　(E) 40

4. 承上題，下列哪一個因素會使 $HCl_{(g)}$ 的分解百分率增高？

(A) 升溫　　(B) 加壓　　(C) 減壓　　(D) 降溫　　(E) 添加催化劑

5. 濃度均為 0.1M 的下列水溶液，何者的導電度最大？

(A) H_3PO_4　　　　　　(B) NaH_2PO_4　　　　　(C) Na_2HPO_4

(D) Na_3PO_4　　　　　　(E) Na_2HPO_3

6. 下列元素與其它元素反應，形成各種穩定化合物時，何者能以最多種氧化數與其它元素鍵結？

(A) 鈉　　(B) 氧　　(C) 氟　　(D) 銅　　(E) 氯

7. 將 0.05g 的磷酸銀粉末加入體積都是 20mL，濃度均為 0.01M 的下列各水溶液中，試問磷酸銀在何者的溶解度最小？(Ag_3PO_4 的 $K_{sp}=3\times10^{-18}$)

(A) NaCl　(B) Na_3PO_4　(C) $AgNO_3$　(D) HNO_3　(E) H_3PO_4

8. 鈉、鎂及鋁三種物質的第n 游離能分別為 1090.3，346.6 及 434.2 kcal/mol。試問 n 為何？

(A) 一　　(B) 二　　(C) 三　　(D) 四　　(E) 五

9. 表 1 列出各反應的平衡常數值。

表 1

反　應	平衡常數
$Mn(OH)_{2(s)} + Cd^{2+}_{(aq)} \rightleftharpoons Mn^{2+}_{(aq)} + Cd(OH)_{2(s)}$	44
$Cu(OH)_{2(s)} + Ni^{2+}_{(aq)} \rightleftharpoons Cu^{2+}_{(aq)} + Ni(OH)_{2(s)}$	8×10^{-5}
$Mg(OH)_{2(s)} + Mn^{2+}_{(aq)} \rightleftharpoons Mg^{2+}_{(aq)} + Mn(OH)_{2(s)}$	36
$Cd(OH)_{2(s)} + Ni^{2+}_{(aq)} \rightleftharpoons Cd^{2+}_{(aq)} + Ni(OH)_{2(s)}$	7.5

試問下列化合物之飽和水溶液，哪一個的 pH 值最小？

(A) $Ni(OH)_2$　　　　　　(B) $Mg(OH)_2$　　　　　(C) $Mn(OH)_2$

(D) $Cu(OH)_2$　　　　　　(E) $Cd(OH)_2$

10. 圖 1 為水蒸氣、氧氣及氦氣在同溫時，其分子數目對分子速率的分布示意圖：

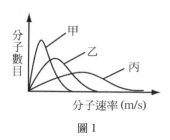

圖 1

試問圖 1 中，甲、乙及丙三曲線依序為何種氣體？
(A) 氧、水蒸氣、氦
(B) 氧、氦、水蒸氣
(C) 水蒸氣、氧、氦
(D) 水蒸氣、氦、氧
(E) 氦、水蒸氣、氧

11. 下列有關金屬的敘述，何者不正確？
(A) 導電性最好的金屬是銀
(B) 延展性最好的金屬是金
(C) 氧化鐵的熔點很高，因此冶煉鐵時，必須加入冰晶石當助熔劑
(D) 鋁的化性活潑，但在空氣中可以抗鏽蝕，是因為表面會形成氧化鋁保護層
(E) 除少數貴重金屬外，地殼中金屬多以氧化物的方式存在

12. 弱酸 (HA) 與弱酸鹽 (NaA) 可配製成緩衝溶液。有一弱酸的解離常數 $K_a = 1 \times 10^{-4}$，若配製成 pH5.0 的緩衝溶液，則溶液中的弱酸與弱酸鹽濃度的比值為何？（即 [HA]/[NaA]）
(A) 1/1000
(B) 1/100
(C) 1/10
(D) 1
(E) 10

13. 下列七種物質中，具有極性的共有幾種？
BeH_2　CO_2　H_2S　CH_4　O_3　C_2H_2　C_6H_6
(A) 1
(B) 2
(C) 3
(D) 4
(E) 5

14. 將某氣體裝入 20 升的玻璃容器中，測其總重量為 22.80kg，壓力
　　為 27.95atm。若將部分氣體放出，容器的總重量變為 22.50kg，
　　氣體的壓力變為 19.60atm。假設氣體放出前後，容器溫度均維持
　　在 27 °C，且此氣體為一理想氣體，則此氣體一莫耳的質量為何
　　(克)？
　　(A) 16　　　(B) 28　　　(C) 30　　　(D) 32　　　(E) 44

二、多選題（40％）

說明：第 15 至 24 題，每題各有 5 個選項，其中至少有一個是正確
　　　的。選出正確選項，畫記在答案卡之「選擇題答案區」。每
　　　題 4 分，各選項獨立計分，每答對一個選項，可得 1/5 題分，
　　　每答錯一個選項，倒扣 1/5 題分，倒扣到本大題之實得分數
　　　為零為止，整題未作答者，不給分亦不扣分。在選項外畫記
　　　者，一律倒扣 1/5 題分。

15. 下列有關鹼金屬族元素的性質，哪些隨原子序的增大而漸增？
　　(A) 原子量　　　　　　(B) 原子半徑　　　　　(C) 離子半徑
　　(D) 熔點　　　　　　 (E) 第一游離能

16. 下列化合物中，劃有底線的元素，其混成軌域和 $\underline{C}_6H_6$ (苯)中的
　　$\underline{C}$ 相同的有哪些？
　　(A) $\underline{N}H_3$　　　　　　(B) $\underline{C}_2H_4$　　　　　(C) $\underline{C}O_2$
　　(D) $H_3\underline{C}OCH_3$　　　(E) $H_3C\underline{C}OOH$

17. 下列哪些化合物具有分子內氫鍵？
　　(A) 1,3−丙二酸　　　(B) 鄰二羥基苯　　　(C) 反−丁烯二酸
　　(D) 對羥基苯甲酸　　 (E) 鄰苯二甲酸

18. 大理石的主要成分是碳酸鈣，下列哪些因素可以影響大理石在水中的溶解度？
    (A) pH值　　　　(B) 攪拌　　　　(C) 水溫
    (D) 水的體積　　(E) 大理石顆粒的大小

19. 下列哪些化合物可與一當量的HBr，在適當的反應條件下，得到2－溴丁烷？
    (A) 2－丁炔　　　(B) 2－丁酮　　　(C) 順－2－丁烯
    (D) 2－丁醇　　　(E) 1－丁醛

20. 於 25 $^{\circ}$C，將 0.1 莫耳丁烷與過量的氧氣在定體積的容器內完全燃燒。燃燒後，溫度回復至 25 $^{\circ}$C，則下列有關此反應之敘述，哪些是正確的？
    (A) 需消耗氧氣0.9 莫耳　　(B) 可產生0.5 莫耳的H_2O
    (C) 可產生0.4 莫耳的CO_2　(D) 燃燒前後，分子數目不變
    (E) 燃燒後，容器內的壓力會降低

21. 下列化合物中的鍵結，哪些不符合八隅體規則？
    (A) CO_2　(B) NO　(C) NF_3　　(D) SO_2　　(E) BF_3

22. 下列哪些物質可與 0.1M 的硫酸反應？
    (A) 鋅　(B) 銀　(C) 硝酸鋇　(D) 碳酸鈉　(E) 過錳酸鉀

23. 將一銅線放入裝有硝酸銀溶液的燒杯中，杯口以塑膠膜封住後，靜置一天。試問下列有關此實驗之敘述，哪些是正確的？
    (A) 銅線為氧化劑　　　　(B) 溶液顏色逐漸變深
    (C) 銀離子為還原劑　　　(D) 溶液中液體的質量逐漸減少
    (E) 析出的銀和溶解的銅質量相等

24. 下列反應已達平衡，哪些會在溫度固定，反應容器的體積減半時，向右移動？

(A) $2H_2S_{(g)} \rightleftharpoons 2H_{2(g)} + S_{2(g)}$

(B) $CO_{(g)} + Cl_{2(g)} \rightleftharpoons COCl_{2(g)}$

(C) $CaO_{(s)} + 3C_{(s)} \rightleftharpoons CaC_{2(s)} + CO_{(g)}$

(D) $SO_{2(g)} + NO_{2(g)} \rightleftharpoons SO_{3(g)} + NO_{(g)}$

(E) $CO_{2(g)} + NaOH_{(s)} \rightleftharpoons NaHCO_{3(s)}$

第貳部分：非選擇題（佔 18 分）

說明：依題序（一、二）及小題號（1、2、3）的順序在化學科「答案卷」上作答，不必抄題，但要標明題號。答案爲化學反應式時，必須平衡係數，計算題務必寫出計算過程，最後答案應連同單位劃線標出。

一、鋁粉與過氯酸銨的混合物可用爲太空梭火箭推進器的燃料，其反應式如下：

$3Al_{(s)} + 3\,NH_4ClO_{4(s)} \rightarrow Al_2O_{3(s)} + AlCl_{3(s)} + 3NO_{(g)} + 6\,H_2O_{(g)} + 2677kJ$

將鋁粉與過氯酸銨各 1.0 莫耳，放入一個體積爲 1.0 升、溫度爲 400K 的定體積恆溫反應槽內反應，並測量槽內氣體總壓力隨時間的變化，得二者的關係如圖2。(假設其氣體爲理想氣體)

試根據圖2，回答下列問題：

(1) 求出鋁粉之消耗速率(M/min)。

（3分）

(2) 計算鋁粉在5 分鐘內的消耗量(mol)

（3分）

(3) 此反應在5 分鐘內放出多少熱量(kJ)。

（3分）

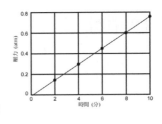

圖 2

二、 已知在適當的反應條件下，1－甲基環己烯可與一當量的 $H_{2(g)}$ 反應，生成化合物甲；與一當量的 H_2O 反應，生成化合物乙；與一當量的 $KM_nO_{4\,(aq)}$ 反應，生成化合物丙。試依據下面的反應途徑，畫出甲、乙及丙分子的結構式。（各3分）

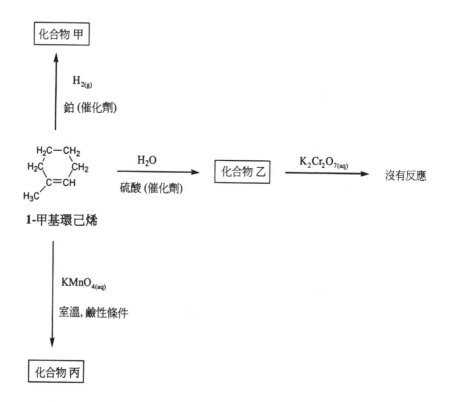

九十四年度指定科目考試化學科試題詳解

第壹部分：選擇題

一、單選題

1. **C**（高三－聚合物）

【解析】 PVC（聚氯乙烯）⇒其單體結構為

$$\begin{array}{c} H \\ \diagdown \\ \diagup \\ H \end{array} C = C \begin{array}{c} H \\ \diagup \\ \diagdown \\ Cl \end{array}$$

2. **E**（高二物質科學化學篇－溶液）

【解析】 $[Na^+] = \dfrac{\dfrac{25.3}{106}}{0.25} \times 2 = 1.91M$

3. **B**（高三－化學平衡）

【解析】　　$2HCl \rightleftharpoons H_2 + Cl_2$　　$\Rightarrow k_c = \dfrac{(\frac{1}{2}\alpha)^2}{(1-\alpha)^2} = \dfrac{1}{100}$

初：　 1　　　　 0　　　　 0　　　　$\therefore \alpha = 0.166 \fallingdotseq 17\%$

反：　$-\alpha$　　$+\dfrac{1}{2}\alpha$　　$+\dfrac{1}{2}\alpha$

末：　$1-\alpha$　　$\dfrac{1}{2}\alpha$　　$\dfrac{1}{2}\alpha$

4. **A**（高三－化學平衡）

【解析】

	(A)加溫	(B)加壓	(C)減壓	(D)降溫	(E)加催
移　動	→	不　動	不　動	←	不　動
分解%	增　加	不　變	不　變	減　少	不　變

5. **D**（高三－溶液的性質）

【解析】　導電度愈大者，其水中陰陽離子數目最多，又濃度相
同，所以直接比 i 值

(A) $i = 1 \sim 2$　　(B) $i = 2 \sim 3$　　(C) $i = 3 \sim 4$

(D) $i = 4$　　(E) $i = 3$

6. **E**（高二物質科學化學篇－氧化還原）

【解析】　(A) 鈉化合物之氧化數只有 $+1$ (Na_2O)

(B) 氧化合物之氧化數有 -2 (H_2O)、-1 (H_2O_2)、
$-\dfrac{1}{2}$ (KO_2)

(C) 氟化合物之氧化數只有 -1

(D) 銅化合物之氧化數有 $+2$ (CuO)、$+1$ (Cu_2O)

(E) 氯化合物之氧化數有 $+7$ ($KClO_4$)、$+5$ ($KClO_3$)、
$+4$ (ClO_2)、$+3$ ($KClO_2$)、$+1$ ($KClO$)、-1 (HCl)

7. **C**（高三－化學平衡）

【解析】　∵ Ag^+ 及 PO_4^{3-} 會造成同離子效應，使得 Ag_3PO_4 固體
溶解度變小，又 Ag^+ 次方較大，效應較明顯，故選
$AgNO_3$

8. **B**（高三－原子特性與分子結構）

　　【解析】　E_1：$Mg＞Al＞Na$，E_2：$Na＞Al＞Mg$

9. **D**（高三－化學平衡）

　　【解析】　(A) $\because K$ 值↑，反應愈容易向右進行

　　　　　　　　$\therefore Cd^{2+}$ 比 Mn^{2+} 容易與 OH^- 結合

　　　　　　　⇒ 鹼性：$Mn(OH)_2＞Cd(OH)_2$

　　　　　　同理可知 (B) $Ni(OH)_2＞Cu(OH)_2$

　　　　　　　　　　　(C) $Mg(OH)_2＞Mn(OH)_2$

　　　　　　　　　　　(D) $Cd(OH)_2＞Ni(OH)_2$

　　　　　　　⇒ 鹼性：$Mg(OH)_2＞Mn(OH)_2＞Cd(OH)_2$

　　　　　　　　　　　$＞Ni(OH)_2＞Cu(OH)_2$

10. **A**（高二物質科學化學篇－氣體性質）

　　【解析】　$\because$ 同溫時 $R\propto\dfrac{1}{\sqrt{M}}$，又分子量：氧＞水蒸氣＞氦

　　　　　　　$\therefore$ 速率：氦(丙)＞水蒸氣(乙)＞氧(甲)

11. **C**（高二物質科學化學篇－金屬及其化合物）

　　【解析】　(C) 冶煉鋁時，必須加入冰晶石當作助熔劑

12. **C**（高三－水溶液中的平衡）

　　【解析】　$[H^+]=Ka\times\dfrac{[酸]}{[鹽]}$ ⇒ $10^{-5}=10^{-4}\times\dfrac{[HA]}{[NaA]}$

　　　　　　　$\therefore \dfrac{[HA]}{[NaA]}=\dfrac{1}{10}$

13. **B 或 C**（高三－原子特性與分子結構）

【解析】 H_2S、O_3 為極性分子，但 C_6H_6 未指明是否為苯，故也可能是其他有極性的分子。

14. **E**（高二物質科學化學篇－氣體的性質）

【解析】 ∵ $PV = \dfrac{W}{M}RT$

∴ $(27.95 - 19.6) \times 20 = \dfrac{(22.8 - 22.5) \times 10^3}{M} \times 0.082$

$\times 300$，$M = 44$

二、多選題

15. **ABC**（高二－金屬）

【解析】 (A)(E) 原子序↑，半徑↑，mp↓，游離能↓

16. **BE**（高三－原子特性與分子結構）

【解析】 C_6H_6 中 C 為 sp^2 混成

(A) $\underline{N}H_3$：sp^3 (B) $\underline{C_2}H_4$：sp^2

(C) $\underline{C}O_2$：sp   (D) $H_3CO\underline{C}H_3$：sp^3

(E) $H_3\underline{CC}OOH$：sp^2

17. **ABE**（高三－晶體）

【解析】 (C) 分子內氫鍵必在順式上

(D) 分子內氫鍵必在苯環的鄰位上

18. **AC**（高二－溶液）

【解析】 (A) $CaCO_3$ 為鹼性故易溶於酸中

(B)(E) 僅影響溶解速率，並不影響溶解度

(C) T↑，溶解度↑

(D) 水的體積並不影響溶解度

19. **CD**（高三－有機化學）

【解析】

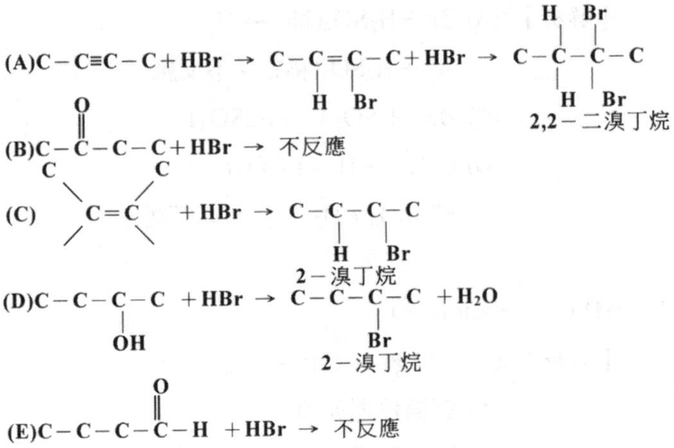

20. **BCE**（高二－氣體）

【解析】 $C_4H_{10} + \dfrac{13}{2}O_2 \rightarrow 4CO_2 + 5H_2O$

(A)(B)(C) 由方程式可知 0.1 mol C_4H_{10} 會消耗

0.65 mol O_2 產生 0.4 mol CO_2 及 0.5mol H_2O

(D) 反應前後係數和不同

∴分子數目會改變

(E) 25°C 時 H_2O 為液態

∴燃燒後壓力降低

21. **BE**（高二－化學鍵）

【解析】 (B) $\overset{..}{.N} = \overset{..}{O}:$　　　N不滿足八隅體

(F)
$$\overset{\displaystyle B}{\underset{:F:\ :F:\ :F:}{\diagup\ \mid\ \diagdown}}$$
　　　B不滿足八隅體

22. **ACD**（高二－非金屬）

【解析】 (A) $Zn + H_2SO_4(稀) \rightarrow H_2$

(B) $Ag + H_2SO_4(稀) \rightarrow$ 不反應

(C) $Ba^{2+} + SO_4^{2-} \rightarrow BaSO_4\downarrow$

(D) $CO_3^{2-} + H^+ \rightarrow CO_2\uparrow$

(E) $KMnO_4 + H_2SO_4 \rightarrow$ 不反應

23. **BD**（高二－氧化還原）

【解析】 $Cu + 2Ag^+ \rightarrow Cu^{2+} + 2Ag$

(A) 銅線為還原劑

(B) Cu^{2+}為藍色　∴顏色漸深

(C) Ag^+為氧化劑

(D)(E) 溶解 Cu 1 mol (63.5g)，析出 2mol Ag

($108 \times 2 = 216$g)，∴液體重逐漸減少

24. **BE**（高三－化學平衡）

【解析】 根據勒沙特列原理，體積減半壓力增加時反應往方程式氣體係數小的一方移動

第貳部分：非選擇題

一、【答案】 (1) 7.62×10^{-4} M/min　　(2) 3.81×10^{-3} mol

　　　　　 (3) 3.40 kJ （高二－化學反應，反應速率）

　　【解析】 (1) $R_{Al} = \dfrac{0.6 - 0}{8 - 0} \times \dfrac{1}{0.082 \times 400} \times \dfrac{3}{9} = \dfrac{1}{1312}$ M/min ≒ 7.62

　　　　　　　 $\times 10^{-4}$ M/min

　　　　　 (2) $n_{Al} = \dfrac{1}{1312} \times 1 \times 5 = 3.81 \times 10^{-3}$ mol

　　　　　 (3) $\Delta H = 3.81 \times 10^{-3} \times \dfrac{2677}{3}$ ≒ 3.40 kJ

二、 （高二－烴類）

　　【解析】

九十四學年度指定科目考試（化學）

大考中心公佈答案

題　號	答　　　案	題　號	答　　　案
1	C	16	BE
2	E	17	ABE
3	B	18	AC
4	A	19	CD
5	D	20	BCE
6	E	21	BE
7	C	22	ACD
8	B	23	BD
9	D	24	BE
10	A		
11	C		
12	C		
13	B 或 C		
14	E		
15	ABC		

九十四學年度指定科目考試
各科成績標準一覽表

科　　目	頂　標	前　標	均　標	後　標	底　標
國　　文	60	53	44	34	27
英　　文	69	55	34	16	8
數學甲	59	47	32	19	11
數學乙	61	46	25	10	4
化　　學	76	59	34	15	8
物　　理	57	41	23	12	6
生　　物	71	59	44	31	22
歷　　史	56	48	35	22	13
地　　理	55	47	36	25	18

※ 以上五項標準係依各該科全體到考考生成績計算，且均取整數（小數只捨不入），各標準計算方式如下：

頂標：成績位於第 88 百分位數之考生成績。

前標：成績位於第 75 百分位數之考生成績。

均標：成績位於第 50 百分位數之考生成績。

後標：成績位於第 25 百分位數之考生成績。

底標：成績位於第 12 百分位數之考生成績。

心得筆記欄

九十三年大學入學指定科目考試試題
化學考科

說明：下列資料，可供回答問題之參考

一、元素週期表（1～36 號元素）

1 H 1.0																	2 He 4.0
3 Li 6.9	4 Be 9.0											5 B 10.8	6 C 12.0	7 N 14.0	8 O 16.0	9 F 19.0	10 Ne 20.2
11 Na 23.0	12 Mg 24.3											13 Al 27.0	14 Si 28.1	15 P 31.0	16 S 32.1	17 Cl 35.5	18 Ar 40.0
19 K 39.1	20 Ca 40.1	21 Sc 45.0	22 Ti 47.9	23 V 50.9	24 Cr 52.0	25 Mn 54.9	26 Fe 55.8	27 Co 58.9	28 Ni 58.7	29 Cu 63.5	30 Zn 65.4	31 Ga 69.7	32 Ge 72.6	33 As 74.9	34 Se 79.0	35 Br 79.9	36 Kr 83.8

二、理想氣體常數 $R = 0.0820 \text{ L atm K}^{-1}\text{mol}^{-1} = 8.31 \text{ J K}^{-1}\text{mol}^{-1}$

三、指示劑變色範圍的（pH 值）

指示劑名稱	變色範圍 pH 值
甲基紅	4.8-6.0
溴瑞香草酚藍	6.0-7.6
酚酞	8.2-10.0

第壹部分：選擇題（佔 82 分）

一、單選題（30%）

說明：第 1 至 10 題，每題選出一個最適當的選項，劃記在答案卡之「選擇題答案區」。每題 3 分，答錯或劃記多於一個選項者倒扣1/4 題分，倒扣到本大題之實得分數爲零爲止，未作答者，不給分亦不扣分。

1. 下列化合物中，哪一個分子具有最多的孤電子對？
   (A) HCl　　(B) H_2S　　(C) CO　　(D) C_2H_2　　(E) CO_2

2. 原子的電子組態中，若一軌域僅含一個電子，則此原子具有一個未配對電子。例如氫原子有一個未配對電子。試問氮氣態原子，於基態時，其未配對電子數和下列何者相同？
   (A) 硼　　(B) 碳　　(C) 釩　　(D) 鈦　　(E) 鎳

3. 在室溫電解2.0M的 $Au(NO_3)_3$ 水溶液，在電解時，和電源供應器的正極相連電極（甲電極）的最主要產物，及電解槽陰極的最主要產物，分別是什麼？
   (A) 氫氣及金
   (B) 氧氣及金
   (C) 兩者均爲金
   (D) 氧氣及氫氣
   (E) 金及一氧化氮

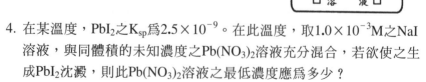

4. 在某溫度，PbI_2 之 K_{sp} 爲 2.5×10^{-9}。在此溫度，取 1.0×10^{-3}M 之NaI溶液，與同體積的未知濃度之 $Pb(NO_3)_2$ 溶液充分混合，若欲使之生成 PbI_2 沈澱，則此 $Pb(NO_3)_2$ 溶液之最低濃度應爲多少？
   (A) 2.5×10^{-3}M　　(B) 2.0×10^{-2}M　　(C) 5.0×10^{-2}M
   (D) 8.0×10^{-2}M　　(E) 1.0×10^{-1}M

5. 某金屬之原子量為w，若取該三價金屬之氧化物x克，將其完全還原後，可得y克金屬。試問該金屬的原子量w可以用下列的哪一式子表示？

(A) $\dfrac{8y}{x-y}$　　　　(B) $\dfrac{16(x-y)}{y}$　　　　(C) $\dfrac{x-y}{16x}$

(D) $\dfrac{x-y}{24y}$　　　　(E) $\dfrac{24y}{x-y}$

6. 在室溫，下列水溶液中，何者的滲透壓最高？
   (A) 3.0×10^{-3}M HCl　　　　　(B) 4.0×10^{-3}M NaCl
   (C) 5.0×10^{-3}M $CaCl_2$　　　　(D) 6.0×10^{-3}M CH_3COOH
   (E) 7.0×10^{-3}M $C_6H_{12}O_6$

7. 下列金屬中，何者不會與熱稀硫酸溶液反應產生氫氣？
   (A) Mg　　(B) Al　　(C) Fe　　(D) Cu　　(E) Zn

8. 下列有關H_2O、CS_2、Na_2S、SiO_2物質的沸點高低排列順序，何者正確？
   (A) $SiO_2 > Na_2S > H_2O > CS_2$　　　(B) $Na_2S > H_2O > SiO_2 > CS_2$
   (C) $Na_2S > H_2O > CS_2 > SiO_2$　　　(D) $SiO_2 > Na_2S > CS_2 > H_2O$
   (E) $Na_2S > SiO_2 > CS_2 > H_2O$

9. 已知甲烷的擴散速率為 X 氣體之 2 倍，但為 Y 氣體之 2.5 倍。取兩個完全相同之真空容器，一個通入3.2克之X 氣體，並保持在27 C°。另一個通入2.5克之Y 氣體，如欲使此二容器具有相同之壓力，則含Y 氣體之容器，其溫度應控制在幾度？
   (A) 27 C°　　　　(B) 127 C°　　　　(C) 150 C°
   (D) 327 C°　　　　(E) 600 C°

10. 在標準狀況下，已知CO_2之標準莫耳生成熱爲 $-393.6\,kJ$，且已知：

$3C_{(s)} + 2Fe_2O_{3(s)} \rightarrow 4Fe_{(s)} + 3CO_{2(g)}$　　　$\Delta H = 463.6\,kJ$

試問Fe_2O_3之標準莫耳生成熱應爲多少？

(A) 70 kJ
(B) $-70\,kJ$
(C) $-822.2\,kJ$
(D) $-857.2\,kJ$
(E) $-1644.4\,kJ$

二、多選題（52%）

說明：第 11 至 23 題，每題各有 5 個選項，其中至少有一個是正確的，選出正確選項，劃記在答案卡之「選擇題答案區」。每題 4 分，各選項獨立計分，每答對一個選項，可得 1/5 題分，每答錯一個選項，倒扣 1/5 題分，倒扣到本大題之實得分數爲零爲止，整題未作答者，不給分亦不扣分。在選項外劃記者，一律倒扣 1/5 題分。

11. 下列氧化物中，何者溶於水即成爲酸性溶液？

(A) CaO
(B) MgO
(C) N_2O_5
(D) P_4O_{10}
(E) ZnO

12. 添加碘的食鹽中，碘係以碘酸鉀(KIO_3)的形式存在，可用一些常見的物質來檢驗。試問需要同時使用下列哪兩個選項的物質，較易檢驗出食鹽中的碘酸鉀？

(A) 食醋
(B) 米酒
(C) 澱粉
(D) 藍色石蕊試紙
(E) 碘化鉀澱粉試紙

13. 在室溫，取藍色的0.1M硫酸銅溶液2mL，置於試管中，加入無色的
0.1M碘化鉀溶液5mL，即見試管內溶液變成混濁。靜置數分鐘後，
管內呈現黃褐色澄清溶液，而管底則有一層灰白色沉澱。取黃褐色
溶液數滴並加水稀釋後，再滴入澱粉液數滴，則呈現藍色。在上述
實驗中，下列敘述何者正確？
    (A) 銅離子發生了還原反應　　(B) 試管底灰白色的沉澱是硫酸鉀
    (C) 碘離子發生了自身氧化還原反應
    (D) 滴入澱粉液後呈現藍色是銅離子的表現
    (E) 管內呈現黃褐色是酸鹼中和反應的表現

14. 分子式為C_4H_8的有機化合物，有很多不同的結構。下列有關C_4H_8
化合物的敘述，何者正確？
    (A) 共有6種不同結構　　　　(B) 屬於炔類的，只有1種結構
    (C) 屬於烯類的，有3種結構　(D) 屬於烷類的，有2種結構
    (E) 可與溴水在室溫進行加成反應的總數為4種結構

15. 下列有關醣類的敘述，何者正確？
    (A) 葡萄糖及果糖均為單醣　　(B) 纖維素是醣類的聚合物
    (C) 蔗糖可以與多倫試劑發生銀鏡反應
    (D) 蔗糖為雙醣，由兩分子的果糖脫去一分子的水所形成
    (E) 麥芽糖為雙醣，由兩分子的葡萄糖脫去一分子的水所形成

16. 元素週期表係依原子序大小排列，下列敘述何者正確？
    (A) 鹵族元素，其電負度由上而下漸減
    (B) 第三週期元素的原子半徑由左至右漸減
    (C) 相同元素的原子，每一個原子的質量數皆相同
    (D) 同一週期的元素，其第一游離能，後一個元素的值一定大於前
        一個元素的值
    (E) 同一週期的元素，一個中性氣態原子獲得一個電子所釋出的能
        量，以鹵素族最大

17. 氧化還原反應可視爲電子的傳遞過程。下列三個未平衡的半反應
式，均爲在酸性水溶液的條件下：

$$CH_3OH \rightarrow HCHO \qquad (甲)$$
$$HCHO \rightarrow HCOOH \qquad (乙)$$
$$CH_3OH \rightarrow HCOOH \qquad (丙)$$

請先平衡上列(甲)(乙)(丙)三式後,回答下列敘述,指出何者正確？
(A) (乙)式是還原反應
(B) 三種化合物中,甲醇的氧化程度最低
(C) 在(甲)式中,其右邊需有2個電子
(D) 在(乙)式中,其左邊需有2個電子
(E) 在(丙)式中,其右邊需有4個電子

18. 在室溫,將0.10 M的HCl水溶液逐漸滴入0.10 M的NH_3水溶液50 mL
中,並經混合均勻。下列有關溶液之敘述,何者正確？（NH_3水溶
液的$K_b = 1.8 \times 10^{-5}$）
(A) 初始0.10 M的NH_3水溶液,其$[H^+]$值約爲1.3×10^{-3}M
(B) 加入20mL的HCl水溶液後,可成爲緩衝溶液
(C) 加入60mL的HCl水溶液後,溶液的$[H^+]$值約爲9.1×10^{-3}M
(D) 加入HCl水溶液到達當量點時,溶液的pH值爲7.0
(E) 加入HCl水溶液, 無指示劑狀況下,溶液中的離子濃度,必遵
守 $[NH_4^+] + [H^+] = [Cl^-] + [OH^-]$

19. 在室溫,將無色的N_2O_4密封於玻璃容器。若將其浸沒於35 C°的
水中,則見其逐漸變成褐色。若換成浸沒於45 C°的水中,則出
現深褐色。下列敘述何者正確？
(A) 此一增高溫度時的反應,爲放熱反應
(B) 若將容器重新浸沒於冰水,則其深褐色會褪去
(C) 因容器爲密封,變色不會改變容器內之總分子數
(D) 與增高溫度時的顏色變化<u>最相關的</u>,是反應速率的改變
(E) 與增高溫度時的顏色變化<u>最相關的</u>,是化學平衡的移動

20. 雙氧水易受特定金屬離子所催化而分解。急救箱的雙氧水滴在乾淨皮膚上,不見得有明顯變化,但若滴在傷口上,立即產生泡沫。下列選項何者正確?
    (A) 雙氧水中,氧原子的氧化數是－2
    (B) 題幹所述現象的差異,是因為化學平衡常數不同所致
    (C) 題幹所述現象的差異,是因為化學反應速率不同所致
    (D) 立即產生泡沫,是因為傷口含有鐵金屬的離子物質存在
    (E) 傷口的泡沫,是因為雙氧水發生自身氧化還原反應而分解的

21. 鄰苯二甲酸氫鉀[C_6H_4(COOH)(COOK)],簡寫為KHP,分子量為204,在化學實驗中,常利用其化學性質穩定,且能與強鹼完全反應之特質,作為酸鹼滴定之一級標準品。精秤0.355克之KHP固體,以器皿X,配製成50.0mL的標準溶液。另用器皿Y,取出20.0mL,並置於器皿Z,加入指示劑後,以未知濃度的NaOH溶液滴定,到達滴定終點時,用去NaOH溶液之體積為27.6mL。
    (A) 器皿X 是圖一所標示的丙項器皿
    (B) 器皿Y是圖一所標示的丁項器皿
    (C) 滴定時,NaOH溶液要裝於圖一所標示庚項器皿(栓塞為鐵弗龍材質)
    (D) 最適合的器皿Z,為圖一所標示燒杯甲。滴定時,並用玻璃棒隨時攪拌
    (E) 在圖二所標示的正確讀數為21.85 ± 0.01mL
    (註:圖一所標示器皿的刻度值V,可為20mL 或50mL。各器皿並未以實物大小的比例繪製。)

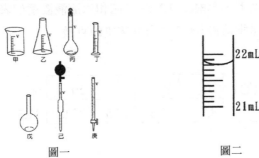

圖一　　　　　　　　圖二

22. 氮、硫元素和碳相似，會產生幾種氧化物。下列敘述何者正確？
   (A) NO_2是一個直線形分子
   (B) NO_2^- 及 CO_3^{2-} 都有共振結構
   (C) NO及NO_2都有未配對電子
   (D) 氮與硫的氧化物是形成酸雨的主要成因
   (E) x H_2O + y NO_2 ⇔ z HNO_3 (x, y, z為係數)，為一正確的反應式

23. 報載：「不肖商人於魚貨中添加致癌物甲醛」。下列有關甲醛的敘述，何者正確？
   (A) 甲醛分子形狀是平面形
   (B) 甲醛分子量為30.0，常溫為氣態分子
   (C) 甲醛可用斐林試劑檢驗，生成物為紅色
   (D) 甲醛無法用多倫試劑檢驗，不會有化學反應
   (E) 37% 甲醛的水溶液俗稱福馬林，可以用來防腐

第貳部分： 非選擇題（佔18分）

說明： 本大題共有三題，答案務必寫在答案卷上，並於題號欄標明題號（一、二、三）與子題號（1、2、3…）。作答時不必抄題。答案為化學反應式時，必須平衡係數，計算題務必寫出計算過程，**最後答案應連同單位劃線標出**。每題題分標於題末。

一、 在不同溫度下，草酸$(COOH)_2$ 的飽和水溶液濃度如表一所示。表中的濃度是指溶液100克中所含溶質的克數。

表一

溫度(℃)	20	30	40	50	60	70
濃度	8.7	12.5	17.5	23.9	31.5	45.8

試根據表一回答下列問題：
(1) 用答案卷內的方格紙，以橫軸爲溫度，縱軸爲溶解度，用適當的尺度，繪出草酸的溶解度曲線。(2 %)
(2) 取60℃的飽和溶液100克，加入50 ℃的蒸餾水57.5克，混合均勻後令其冷卻。試問此溶液冷卻至哪一溫度時會達到飽和？(2 %)
(3) 取30℃的飽和溶液10.0克，以蒸餾水將其稀釋至250.0mL後，精確量取此稀釋溶液20.0mL，以0.100M的氫氧化鈉溶液滴定。試問到達滴定終點時，需要用多少mL的氫氧化鈉溶液？(2 %)

二、芳香族化合物甲的分子式爲C_8H_{10}。此化合物在適當催化劑的催化下，與溴水反應，可得化合物乙，化合物乙僅有一種結構，其分子式爲C_8H_9Br。當化合物甲與過量的過錳酸鉀的鹼性溶液加熱，經中和並純化後，可得化合物丙，化合物丙的分子式爲$C_8H_6O_4$。試畫出化合物甲、化合物乙、及化合物丙的分子結構圖。(6 %)

三、取大理石粉（碳酸鈣）和焦碳粉均勻混合後，高溫鍛燒，可得氣體甲和固體乙。固體乙僅含鈣及碳二種元素，而鈣的重量組成百分比爲62.5%。固體乙和過量的水反應，可得氣體丙及固體丁。氣體丙在適當的催化劑作用下，可以聚合反應，生成與實驗式相同的鐵灰色物質，是一種具有高導電度的有機導體材料。
(1) 寫出固體乙的實驗式。(2 %)
(2) 寫出固體乙和水的平衡化學反應式。(2 %)
(3) 寫出聚合反應之平衡化學反應式。(2 %)

九十三年度指定科目考試化學科試題詳解

第壹部分：選擇題

一、單選題

1. **E**

【解析】 (A) HCl：有 3 對。　(B) H_2S：有 2 對。

(C) CO：有 2 對。　(D) C_2H_2：有 0 對。

(E) CO_2：有 4 對。

2. **C**

【解析】　N：⊗　　⊗　　　⦸⦸⦸

　　　　　1s　　2s　　　2p

　　　　V：⊗　　⦸⦸⦸⦸⦸

　　　　　4s　　3d

3. **B**

【解析】 陽極 NO_3^- 和 H_2O 中選 H_2O 放出 e^-，所以生成 O_2。

陰極 Au^{3+} 和 H_2O 中選 AU^{3+} 放出 e^-，所以生成 Au。

4. **B**

【解析】　　$PbI_2 = Pb^{2+} + 2I^-$　　　　$K_{sp} = 2.5 \times 10^{-9}$

等體積
混合後　$\Rightarrow \dfrac{x}{2}$　　$\dfrac{1.0 \times 10^{-3}}{2} \Rightarrow \left(\dfrac{x}{2}\right)\left(\dfrac{1.0 \times 10^{-3}}{2}\right)^2 \geq 2.5 \times 10^{-9}$
濃度減半

$$x \geq 2 \times 10^{-2} \ (M)$$

5. **E**

【解析】 $\dfrac{y}{\left(\dfrac{w}{3}\right)} = \dfrac{x-y}{8}$　　$\Rightarrow w = \dfrac{24y}{x-y}$

6. **C**

【解析】 比較各選項離子或分子總濃度，越大者，滲透壓愈大。

（ $\pi \propto C_M \cdot i$ ）

(A) $3.0 \times 10^{-3} \times 2$　　　(B) $4.0 \times 10^{-3} \times 2$

(C) $5.0 \times 10^{-3} \times 3$　　　(D) 略大於 6.0×10^{-3}

(E) 7.0×10^{-3}

7. **D**

【解析】 氧化電位小於 H_2 之元素（如：Cu、Hg、Ag、Pt、Au），

無法還原 H^+，故 Cu 加 $H^+_{(aq)}$ 不生 H_2

8. **A**

【解析】 b.p. 比較法則：

（i）共價網狀固體＞過渡金屬＞離子晶體＞典型金屬

　　＞分子晶體

（ii）若皆為分子晶體，則　① 氫鍵：有＞無

　　　　　　　　　　　　　② 分子量↑，b.p.↑

　　　　　　　　　　　　　③ 極性↑，b.p.↑

故 SiO_2 ＞ Na_2S ＞ H_2O ＞ CS_2 → (A)

　　↑　　　　↑　　　　↑　　　　↑

共價網狀　離子晶體　分子晶體　分子晶體

　　　　　　　　　（有氫鍵）（無氫鍵）

9. **D**

【解析】 $r \propto \sqrt{\dfrac{T}{M}}$ ，$\therefore$ 同 T 時，$M_X : M_y = 16 : 25$

$\therefore$ 由 $PV = \dfrac{W}{M}RT$　知 $\dfrac{T_Y}{T_X} = \dfrac{M_Y}{M_X} \cdot \dfrac{W_X}{W_Y}$

$\therefore T_y = 300 \times \dfrac{25}{16} \times \dfrac{3.2}{2.5} = 600K$ ，即 327℃。

10. **C**

【解析】 $\Delta H =$ 生成物的生成熱 $-$ 反應物的生成熱

$\Rightarrow 3 \times (-393.6) - 2 \times$ 反應物的生成熱 $= 463.6$

$\therefore$ 反應物的生成熱 $= Fe_2O_3$ 之生成熱 $= -822.2kJ$

【注意：元素生成熱為 0，故 C 與 Fe 之生成熱為零。】

二、多選題

11. **CD**

【解析】 金屬氧化物可溶於水者呈鹼性。

非金屬氧化物可溶於水者呈酸性。

12. **AE**

【解析】 $\begin{cases} 5I^- + IO_3^- + 6H^+ \rightarrow 3I_2 + 3H_2O \\ I_2 + 6OH^- \rightarrow 5I^- + IO_3^- + 3H_2O \end{cases}$

I^- 與 IO_3^- 在酸中可生成 I_2，I_2 在鹼中會發生自身氧化

還原生成 I^-，IO_3^-

13. **A**

【解析】 $2Cu^{+2}+2I^-\rightarrow 2Cu^++I_2$

(A) 則 Cu^{+2} 得電子行還原反應，

(B) 灰白色的沉澱是 CuI

(C) 而 I^- 發生氧化反應，

(D) 且加入澱粉呈藍色是有 I_2 的生成。

(E) 管內呈黃褐色，是 I_3^- 錯離子生成的結果。

14. **ADE**

【解析】 C_4H_8：$\pi B.N.=\dfrac{(4\times 2+2)-8}{2}=1$

∴ 可能為烯類或是環烷類

烯類

$$
\begin{array}{l}
烯類 \\
共 \\
4 \\
種
\end{array}
\left\{
\begin{array}{l}
C-C-C=C：1 種 \\
C-C=C-C：2 種（含順反） \\
C-C=C：1 種 \\
\quad\ | \\
\quad\ C
\end{array}
\right.
\qquad
\begin{array}{l}
環烷 \\
共 \\
2 \\
種
\end{array}
\left\{
\begin{array}{l}
\text{C-C 方形：1 種} \\
\text{C-C 三角形：1 種}
\end{array}
\right.
$$

15. **ABE**

【解析】 醣類：單醣：葡萄糖、果糖、半乳糖。

雙醣：麥芽糖、蔗糖、乳糖。

多醣：纖維素、澱粉。

而纖維素是醣類的聚合物，而蔗糖是葡萄糖和果糖脫
一分子的水形成。

16. **ABE**

【解析】 (A) 同一族由上而下，半徑愈大，則電負度愈小。

(B) 第三週期原子半徑由第 1 族(I A)→第 18 族(ⅧA)，
由大→小

(C) 相同元素之原子其原子序相同，但其質量數可能不同此即爲同位素。

(D) 游離能：第 2 族(ⅡA)＞第 3 族(ⅢA)，第 15 族(ⅤA)＞第 16 族(VIA)，第 18 族(ⅧA)最大。

17. BCE

【解析】 醇 $\xrightarrow[\text{還原}]{\text{氧化}}$ 醛 $\xrightarrow[\text{還原}]{\text{氧化}}$ 酸

醇 $\xrightarrow{\text{失去 } 2e^-}$ 醛 $\xrightarrow{\text{失去 } 2e^-}$ 酸

18. BCE

【解析】 (A) 爲 $\left|OH^-\right|=\sqrt{C_0 \cdot K_b}=\sqrt{0.1 \times 1.8 \times 10^{-5}}=1.3 \times 10^{-3}\,M$

(B) 有酸有鹼，一強一弱，弱多強少即爲緩衝液，在此爲弱鹼及其鹽。

(C) 酸過量 $[H^+]=\dfrac{0.1 \times 60-0.1 \times 50}{60+50}=9.1 \times 10^{-3}\,M$

(D) 達當量點時爲鹽類，而此爲強酸弱鹼鹽，因水解而呈酸性，pH 值＜7。

(E) 呈電中性：$\left[NH_4^+\right]+\left[H^+\right]=\left[Cl^-\right]+\left[OH^-\right]$

19. BE

【解析】 (A) $N_2O_4 \rightarrow 2NO_2$，須斷鍵，才可產生 NO_2，∴ 要吸熱。（褐色）

(B)(C) 加熱平衡向右移動，則 NO_2 的顏色會變深，故平衡向右移動時，$N_2O_4 \rightarrow 2NO_2$，係數不同，總分子數會改變。

(D)(E) 顏色有深淺是因爲溫度不同平衡移動的方向不一樣。

20. **CDE**

【解析】 (A) 氧化數為 -1。

(B) (C) 此差異起因於反應速率因催化劑之有無而有快慢之分。

(D) 產生泡沫，是因為傷口有血紅素，血紅素中含有 Fe^{2+}，Fe^{2+} 催化 H_2O_2 之自身氧化還原反應生成 N_2O，O_2。

(E) $2H_2O_2 \rightarrow 2H_2O + O_2\uparrow$，此為自身氧化還原反應。

21. **AC**

【解析】 (A) 欲精確配製溶液，須用容量瓶（丙）。

(B) 欲精確量取溶液體積，須用分度吸量管（己）。

(C) 滴定液（NaOH）須裝於滴定管（庚）中。

(D) 被滴定液須以錐形瓶（乙）盛裝。

(E) 應用 21.80mL。

22. **BCD**

【解析】 (A) NO_2 為角型分子。

(B)

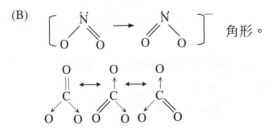

角形。

(C) NO 及 NO_2 總 e^- 數皆為奇數，故必有未配對電子。

(D) SO_2、SO_3、NO_2 溶於雨水，即形成酸雨。

(E) $H_2O + 3NO_2 \rightleftharpoons 2HNO_3 + NO$

23. **ABCE**

【解析】 (A) 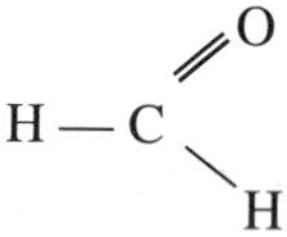 H — C 為 sp^2 平面形分子。

$\overset{\displaystyle O}{\underset{\displaystyle H}{\parallel}}$

(B) M = 12 + 16 + 1 + 1 = 30　　b.p.=－20℃

∴ 常溫下為氣態分子

(C) (D) 甲醛可和斐林、多倫試劑反應。

(E) 福馬林為 37% 或 40% 之甲醛水溶液，有防腐功能。

第貳部分：非選擇題

一、【答案】 (1) 略　　(2) 43.9 (^{o}C)　　(3) 22.2 (mL)

【解析】 (1)

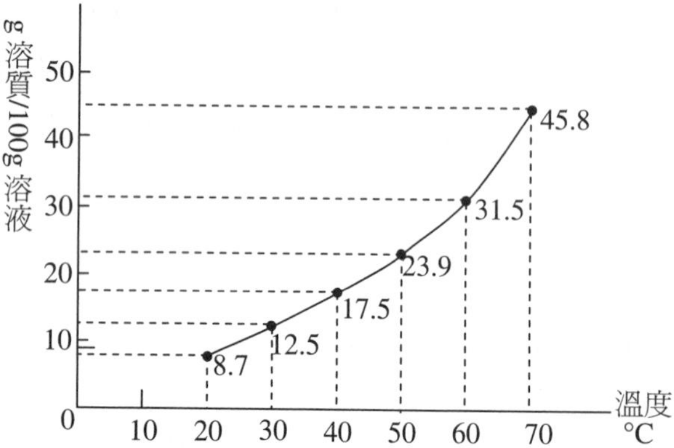

(2) 100g 60℃飽和液有 31.5g 溶質。

$$\frac{31.5}{100+57.5} = \frac{31.5}{157.5} = 20\%$$

根據內插法，$\dfrac{20-17.5}{23.9-17.5} \times 10 = 3.9$

∴ 溫度應為 43.9℃。

(3) 30℃時飽和溶液溶質 12.5g

10g 中溶質只 1.25g

根據 $C_N \times V = \dfrac{W}{E}$

$0.1 \times V \times 10^{-3} = \dfrac{1.25}{90} \times 2 \times \dfrac{20}{250}$

V = 22.2(ml)

二、【答案】

甲　

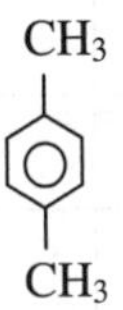

乙　

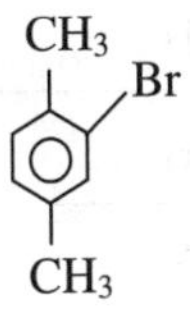

丙　

【解析】 甲進行溴化反應得乙，而乙僅有一種結構，故甲爲對二甲苯。

甲經氧化反應得丙，故爲對苯二甲酸。

三、【答案】 CaC_2

【解析】 (1) $Ca : C = \dfrac{62.5}{40} : \dfrac{37.5}{12} = 1 : 2$

(2) $CaC_2 + H_2O \rightarrow C_2H_2 + Ca(OH)_2$

(3)

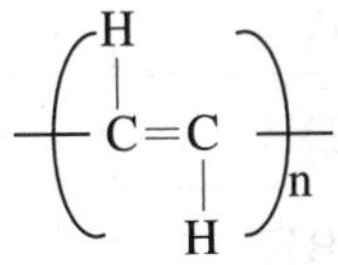

九十三學年度指定科目考試（化學）
大考中心公佈答案

題　號	答　　案	題　號	答　　案
1	E	16	ABE
2	C	17	BCE
3	B	18	BCE
4	B	19	BE
5	E	20	CDE
6	C	21	AC
7	D	22	BCD
8	A	23	ABCE
9	D		
10	C		
11	CD		
12	AE		
13	A		
14	ADE		
15	ABE		

九十三學年度指定科目考試
各科成績標準一覽表

科　　目	頂　標	前　標	均　標	後　標	底　標
國　　文	73	67	58	47	39
英　　文	58	44	27	15	9
數學甲	66	50	30	18	10
數學乙	65	50	32	19	12
化　　學	66	51	30	15	7
物　　理	75	59	35	19	12
生　　物	80	71	57	43	33
歷　　史	49	41	30	19	12
地　　理	60	52	42	30	21

※ 以上五項標準係依各該科全體到考考生成績計算，且均取整數（小數只捨不入），各標準計算方式如下：

頂標：成績位於第 88 百分位數之考生成績。

前標：成績位於第 75 百分位數之考生成績。

均標：成績位於第 50 百分位數之考生成績。

後標：成績位於第 25 百分位數之考生成績。

底標：成績位於第 12 百分位數之考生成績。

心得筆記欄

九十二年大學入學指定科目考試試題 化學考科

說明：下列資料，可供回答問題之參考

一、元素週期表（1～36 號元素）

1 H 1.0																	2 He 4.0
3 Li 6.9	4 Be 9.0											5 B 10.8	6 C 12.0	7 N 14.0	8 O 16.0	9 F 19.0	10 Ne 20.2
11 Na 23.0	12 Mg 24.3											13 Al 27.0	14 Si 28.1	15 P 31.0	16 S 32.1	17 Cl 35.5	18 Ar 40.0
19 K 39.1	20 Ca 40.1	21 Sc 45.0	22 Ti 47.9	23 V 50.9	24 Cr 52.0	25 Mn 54.9	26 Fe 55.8	27 Co 58.9	28 Ni 58.7	29 Cu 63.5	30 Zn 65.4	31 Ga 69.7	32 Ge 72.6	33 As 74.9	34 Se 79.0	35 Br 79.9	36 Kr 83.8

二、理想氣體常數 $R = 0.0820 \text{ L atm K}^{-1}\text{mol}^{-1} = 8.31 \text{ J K}^{-1}\text{mol}^{-1}$

三、光能 $E = h\nu = hc/\lambda$ ；頻率 ν ；波長 λ ；光速 $c = 3.0 \times 10^8 \text{ ms}^{-1}$ ；
Planck's 常數 $h = 6.626 \times 10^{-34} \text{ Js}$
$1 \text{ eV} = 1.602 \times 10^{-19} \text{ J}$

四、指示劑變色範圍的（pH 值）

指示劑名稱	變色範圍 pH 值
甲基紅	4.8-6.0
溴瑞香草酚藍	6.0-7.6
酚酞	8.2-10.0

壹、單一選擇題（69%）

說明：第 1 至 20 題，每題選出最適當的一個選項，標示在答案卡之
　　　「選擇題答案區」。每題 3 分或 4 分（標於題後）。答對得該
　　　題題分；錯倒扣 1/4 題分；整題未作答者，不給分亦不扣分。
　　　倒扣到本大題之實得分數爲零爲止。

1. 今年初，環保署推動「限塑政策」，限制了購物用塑膠袋以及塑
　膠類免洗餐具的使用，因此許多店家改用瓷器碗盤。假如要檢驗
　清粥專賣店的碗盤，是否沖洗乾淨，則選用下列試劑中的哪一種
　最適當？（3 分）
　(A) 多侖試劑　　　　(B) 斐林試劑　　　　(C) 酸鹼廣用試劑
　(D) 酚酞溶液　　　　(E) 碘酒溶液

2. 於氫氧化鈉溶液中通入了足夠的二氧化硫，所得產物經過純化結
　晶後，可得下列哪一種化合物（未表明結晶水）？（3 分）
　(A) $NaHSO_2$　　　　(B) Na_2SO_3　　　　(C) Na_2SO_4
　(D) Na_2SO_5　　　　(E) $Na_2S_2O_3$

3. 將上一題所得化合物溶於水，配成 0.1M 的濃度，所得溶液的 pH
　值爲何？（3 分）
　(A) 0　　　　　　　　(B) 1　　　　　　　　(C) 等於 7
　(D) 小於 7　　　　　(E) 大於 7

4. 在不同濃度的硝酸溶液中通入硫化氫，會產生不同的反應如下：
　甲、$2HNO_{3(aq)} + H_2S_{(g)} \rightarrow S_{(s)} + 2NO_{2(g)} + 2H_2O_{(\ell)}$
　乙、$2HNO_{3(aq)} + 3H_2S_{(g)} \rightarrow 3S_{(s)} + 2NO_{(g)} + 4H_2O_{(\ell)}$
　丙、$2HNO_{3(aq)} + 4H_2S_{(g)} \rightarrow 4S_{(s)} + NH_4NO_{3(aq)} + 3H_2O_{(\ell)}$
　丁、$2HNO_{3(aq)} + 5H_2S_{(g)} \rightarrow 5S_{(s)} + N_{2(g)} + 6H_2O_{(\ell)}$

上列氧化還原反應，若只針對硝酸，氮的氧化數有改變的，將其單一氮原子的氧化數改變的差距，由大至小依序排列，則下列哪一選項是正確的？（4分）

(A) 甲乙丙丁　　　　(B) 乙丙丁甲　　　　(C) 丙丁乙甲
(D) 丁丙乙甲　　　　(E) 丁丙甲乙

5. 原子理論的發展故事是一連串早期的實驗，用來幫助『看無法看到的物，瞭解不易瞭解的事』。有關這些故事中的科學家與其重大科學發現或理論，下列哪個選項的組合是錯誤的？（3分）

選項	科學家	發表的內容
(A)	道耳吞	提倡原子學說
(B)	湯木生	發現電子
(C)	拉塞福	提出原子結構的模型
(D)	波耳	建立量子化的氫原子模型
(E)	門得列夫	提出原子序的意義

6. 在 1 公升的真空容器中，溫度保持 $100\,^{\circ}C$，逐漸注入 1 克的水，並測量其內部的壓力，則下列示意圖，哪一個最能表示容器內部水的質量（w）與壓力（P）的關係？（3分）

(A)
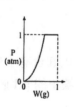

(B)
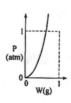

(C)

(D)
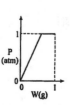

(E)
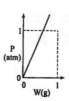

7. 工廠的廢氣以及汽機車的排氣是空氣污染的主要來源，但廢氣中的氮與氧的化合物可藉由適量的氨氣及催化劑，將其還原成無毒的 N_2 和 H_2O。今有 NO 與 NO_2 的混合氣體（簡稱爲 NO_x）3.0 升，若用與 NO_x 同溫同壓的氨氣 3.0 升，恰好可使該 NO_x 完全反應變成 N_2 與 H_2O。試問該混合氣體 NO_x 中，NO 與 NO_2 的莫耳比爲何？（4 分）

(A) 1：1　　　　(B) 1：2　　　　(C) 1：3

(D) 3：1　　　　(E) 2：1

8-9 題爲題組

光合作用使植物持續生長，實驗證實植物利用根部細胞的滲透膜，將土壤中的水分吸入根部再傳送至樹梢，以便樹梢的葉子得以順利進行光合作用。假設熱帶雨林區內的氣壓與溫度經年保持在 1 atm 與 27 ^oC，試回答 8~9 題。

8. 植物細胞內的電解質總濃度，相當於 0.1 M 的 KCl 水溶液，密度約爲 1.033 g /cm^{-3}。若土壤中的電解質濃度極低，則熱帶雨林區內的植物高度最高可達幾公尺？（4 分）

(A) 20　　　　(B) 50　　　　(C) 100

(D) 150　　　　(E) 200

9. 土壤中若溶有電解質，而其濃度均爲 0.01 M，則在含有下列哪一種電解質的土壤中，植物生長高度最高？（土壤中的 pH 值可以不考慮，3 分）

(A) 硫酸鈣　　　(B) 硫酸銨　　　(C) 硫酸鈉

(D) 硝酸鈣　　　(E) 氯化鈣

10. 某水溶液含有甲、乙、丙三種金屬離子。若進行圖1所示的實驗操作，即可分離這些離子。試問該水溶液中的甲、乙、丙各為何種離子？（從下面的選項中擇一正確的組合）(3分)

選項	甲離子	乙離子	丙離子
(A)	Ag^+	Fe^{2+}	Zn^{2+}
(B)	Ag^+	Fe^{2+}	Cu^{2+}
(C)	Pb^{2+}	Fe^{3+}	Cu^{2+}
(D)	Pb^{2+}	Fe^{3+}	Zn^{2+}
(E)	Pb^{2+}	Fe^{2+}	Zn^{2+}

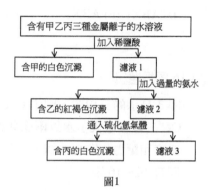

圖1

11. 根據週期表中元素大小的規律性，判斷甲～戊等分子在氣態時的鍵長，則下列鍵長的關係何者正確？(3分)
(甲) 水　　(乙) 甲烷　　(丙) 氨　　(丁) 氫氣　　(戊) 氟化氫
(A) 甲＞乙＞丙＞丁＞戊　　　　(B) 甲＞丙＞戊＞乙＞丁
(C) 乙＞丙＞甲＞戊＞丁　　　　(D) 乙＞丁＞丙＞戊＞甲
(E) 乙＞甲＞戊＞丙＞丁

12. 下列哪一個示意圖是基態鉻原子的電子組態？(3分)
(A)
(B)
(C)
(D)
(E)

13. 含 A、B、X 三元素的某化合物之結構如圖 **2**，
則此化合物之分子式為下列哪一個？(3 分)
(A) ABX　(B) AB₂X₄　　　(C) AB₂X₂
(D) ABX₃　(E) ABX₄

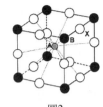

圖2

14-16 題為題組

圖 **3** 是水的三相圖。圖中 OA、OB、
OC 三條實線表示水以兩態共存時，
溫度和壓力的關係曲線。試以此圖
回答 14～16 題。

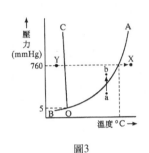

圖3

14. 圖中點 a 的壓力為 Pa，點 b 的壓力為 Pb。若壓力由 Pa 逐漸增
大至 Pb，則下列哪一個圖最能適切地表示壓力（橫軸）與體積
（縱軸）的變化關係？(4 分)

(A)

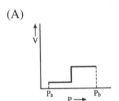

(B)

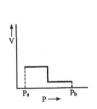

(C)

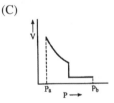

(D)

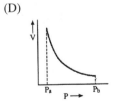

(E)

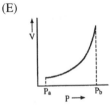

15. 已知冰的熔解熱為 6.01 kJ/mol、水的汽化熱為 40.7 kJ/mol。若溫度 T 由圖 **3** 的點 Y 逐漸增溫到點 X，則下列哪一個圖最能適切地表示所供給的累積熱量Q（橫軸）和溫度變化（縱軸）的關係？（3 分）

(A)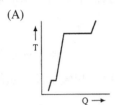

(B)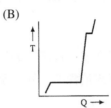

(C)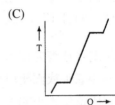

(D)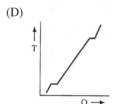

(E)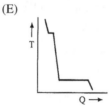

16. 若以 0.01 M 的鹽酸滴定 NaQ 的水溶液 50.0 mL 時，溶液的 pH 值變化如圖 **4**。求 HQ 的 Ka 值應接近於下列的哪一個選項？（NaQ 是 HQ 的共軛鹼，

$$Ka = \frac{[H^+]_{aq}[Q^-]_{aq}}{[HQ]_{aq}}$$ ）（4 分）

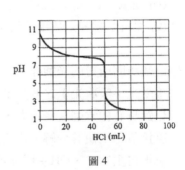

圖 4

(A) 1×10^{-2} M　　(B) 1×10^{-4} M　　(C) 1×10^{-5} M

(D) 1×10^{-8} M　　(E) 1×10^{-10} M

17-18 題為題組

近來 SARS 疫情影響許多人的生活，衛生署建議大家勤洗手、戴口罩，也建議使用稀釋的漂白水來消毒環境。媒體也出現以光觸媒消毒大樓以及光觸媒口罩新產品的廣告，試依下列所提供的條件，回答 17~18 題。

17. 試問為什麼要使用可能造成環境污染的漂白水，而不選用較環保的雙氧水或直接用氧氣來消毒？已知次氯酸根、雙氧水及氧氣的還原電位大小如下：（4 分）

$ClO^-_{(aq)} + H_2O_{(\ell)} + 2e^- \rightarrow Cl^-_{(aq)} + 2OH^-_{(aq)}$ $E° = 0.89$ V

$O_{2(g)} + 4H^+_{(aq)} + 4e^- \rightarrow 2H_2O_{(\ell)}$ $E° = 1.23$ V

$H_2O_{2(\ell)} + 2H^+_{(aq)} + 2e^- \rightarrow 2H_2O_{(\ell)}$ $E° = 1.77$ V

(A) 漂白水的氧化力最強

(B) 雙氧水只能在鹼性環境中反應

(C) 空氣含氧量太低，不適宜消毒

(D) 雙氧水和氧氣因活化能過高，無法在室溫進行消毒

(E) 漂白水雖會造成環境污染，但對人體無害

18. 已知坊間所賣的光觸媒，其主要成分是奈米級的二氧化鈦，而其接受光（吸收光）之波長至少需低於 400 nm。吸收光能後的二氧化鈦具有相當強之氧化力，可以直接將吸附在物質表面之污染物直接氧化，使其分解，或者將吸附於物質表面之水分子氧化為氫氧根自由基（ $\cdot OH + H^+ + e^- \rightarrow H_2O$ $E° = 2.79$ V ）進而分解污染物。試問下列敘述何者正確？（4 分）

(A) $\cdot OH$ 為強還原劑可以分解污染物

(B) 奈米級的顆粒大小，是比本土的蓬萊米略大

(C) 二氧化鈦的基態和激發態之能階差約為 3.2 eV

(D) 光觸媒處理過的場所，在黑暗中仍具有消毒效果

(E) 氫氧根自由基中的氧原子之電子恰好是八隅體組態

19-20 題為題組

有一光電池組成如圖 **5**，其中的一個半電池內裝有 1 M的氯化鉀及
一支銀棒（棒上鑲有一片氯化銀），另一半電池內則裝有氯化亞銅
及一支白金絲。當此電池受光照射
時，氯化銀會立即轉變成銀原子與
氯原子，而氯原子會暫時吸附在氯
化銀上（簡記為 $Cl_{(AgCl)}$）。若將光
源移除，電池會立即回復至初始的
氯化銀狀態。已知部分還原半反應
如下所示：

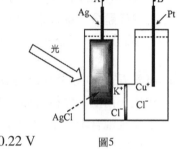

圖5

$AgCl_{(s)} + e^- \rightarrow Ag_{(s)} + Cl^-_{(aq)}$　　$E° = 0.22$ V

$Cu^{2+}_{(aq)} + e^- \rightarrow Cu^+_{(aq)}$　　$E° = 0.15$ V

$Cl_{(AgCl)} + e^- \rightarrow Cl^-_{(aq)}$　　$E° = 3.80$ V

$Cu^+_{(aq)} + e^- \rightarrow Cu_{(s)}$　　$E° = 0.52$ V

$Ag^+_{(aq)} + e^- \rightarrow Ag_{(s)}$　　$E° = 0.79$ V

試依這些數據回答 19～20 題。

19. 當電池受光照射時，下列敘述中何者<u>不正確</u>？（4 分）
(A) 電池會產生電壓　　　　　(B) 銀棒可作為陰極
(C) 氯化銀會被還原　　　　　(D) 電池內會產生 Cu^{2+} 離子
(E) 電子會由 A 點流向 B 點

20. 若將奈米級氯化銀與氯化亞銅粒子同置於玻璃鏡片中，便可利用
類似反應製得一新型太陽眼鏡（受到陽光照射時，鏡片會立即變
成黑褐色）。這種智慧型太陽眼鏡從室外移入室內時，鏡片會自
動由黑褐色回復澄清，其主要原因是因為鏡片內進行下列的哪一
反應？（4 分）
(A) $AgCl \rightarrow Ag^+ + Cl^-$　　　　(B) $Ag + Cu^+ \rightarrow Ag^+ + Cu$
(C) $Cl + Cu^+ \rightarrow Cl^- + Cu^{2+}$　　(D) $Ag + Cu^{2+} + Cl^- \rightarrow AgCl + Cu^+$
(E) $AgCl + 2Cu^+ \rightarrow Ag^+ + Cl^- + Cu^{2+} + Cu$

貳、多重選擇題（31％）

說明： 第 21 至 30 題，每題各有 5 個選項，其中至少有一個是正確的，
選出正確選項，標示在答案卡之「選擇題答案區」。每題 3 分
（但第 24 題 4 分）。各選項獨立計分，每答對一個選項，可得
1/5 題分；每答錯一個選項，倒扣 1/5 題分；整題未作答者，不
給分亦不扣分。倒扣到本大題之實得分數為零為止。

21. 試管五支，(A) 至 (E)，依序倒入試劑：汽油、酒精、氯仿、四氯
化碳、丙酮，然後各加入 1 毫升的水並攪拌。試問哪些試劑會與
水完全混合均勻？（3 分）
(A) 汽油　　　　　(B) 酒精　　　　　(C) 氯仿
(D) 四氯化碳　　　(E) 丙酮

22-23 題為題組

下列物質為實驗室常見的化學藥品，其中 NaH 為氫化鈉，常作為
還原劑。試依其化學性質回答 22～23 題。
甲、Na　　乙、NaH　　丙、NaCl　　丁、NaOH　　戊、NH_4Cl
己、HNO_3　　庚、反式-丁烯二酸

22. 若將上述物質置入純水中，則下列選項中何者可能會產生氫氣？
（3 分）
(A) 甲　　　　　　(B) 乙　　　　　　(C) 丙
(D) 丁　　　　　　(E) 戊

23. 若將上述物質溶於純水中，則下列選項中何者會使紅色石蕊試紙
顯現藍色？（3 分）
(A) 乙　　　　　　(B) 丙　　　　　　(C) 丁
(D) 己　　　　　　(E) 庚

24. 某一氧化劑 X，雖不能氧化甲醇、乙醇、甲醛或乙醛，但能氧化下列有機化合物，以得醛或酸：

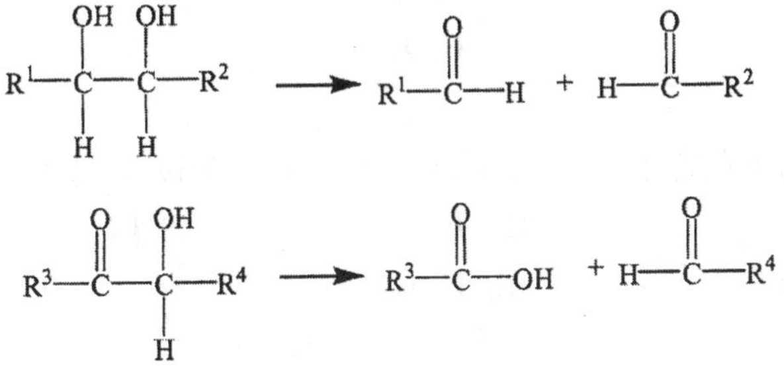

其中 R^1、R^2、R^3 與 R^4 可能是氫、烷基或其他官能基。若以該氧化劑X，氧化 2, 3, 4—戊三醇：

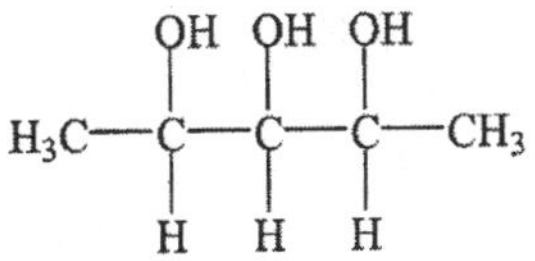

則可能獲得下列哪些產物？（4 分）
(A) CH_3COOH　　　(B) CO_2　　　(C) $HCOOH$
(D) CH_3CHO　　　(E) CH_2O

25-27 題為題組

下列敘述一個實驗，你或許未曾見過，但不用擔心。試題設計的主要用意，在於測驗考生是否會應用曾經做過的化學實驗，由其觀察、推理與判斷所得的經驗，找出正確的答案。

取約 5 克的草酸鐵（$FeC_2O_4 \cdot 2H_2O$）放入試管，用酒精燈加熱。結果黃色粉末的草酸鐵逐漸變灰黑色。試管移出火焰，冷後塞緊試管，以磁鐵靠近試管，可看見試管內有些微細粉末會隨磁鐵移動，有的不會。打開試管塞，高舉試管，使粉末從試管口落下，可看到閃閃火花。

25. 用酒精燈加熱草酸鐵時，下列中的哪些物質，有可能以氣體的狀態從試管口逸出？(3 分)

    (A) C　　　　　　　　(B) C_2H_2　　　　　(C) CO_2

    (D) H_2O　　　　　　(E) H_2O_2

26. 試管內的黑色粉末，有可能含有下列中的哪些物質？(3 分)

    (A) Fe　　　　　　　　(B) FeO　　　　　　(C) FeO_2

    (D) Fe_2O_3　　　　　(E) Fe_3O_4

27. 下列中的**哪一種**物質，從試管口落下時最有可能發出火花？

    （只選一項）(3 分)

    (A) Fe　　　　　　　　(B) FeO　　　　　　(C) FeO_2

    (D) Fe_2O_3　　　　　(E) Fe_3O_4

<u>28-30 題爲題組</u>

這個實驗與你在「反應速率」或「秒表反應」所做的實驗有關。

實驗過程如下（參見圖 6）：

(1) 用一透明杯子取蒸餾水 80 毫升，並滴入碘酒至溶液呈黃褐色後，分成約兩等量的兩杯。

(2) 在其中的一杯溶液中滴入 0.1M 的亞硫酸氫鈉 x 滴，攪拌後黃褐色消失，溶液變成無色，稱此溶液爲甲液。

(3) 在另一杯的溶液中，加 1M 的氫氧化鈉溶液 y 滴，攪拌後黃褐色同樣消失，而稱此溶液爲乙液。

(4) 將無色的甲液再分成約等量的兩杯。在其中的一杯加入 3% 的雙氧水 x 滴，攪拌後靜置數分鐘，無色溶液逐漸呈色，稱此溶液爲丙液。另一杯則加入 1M 的鹽酸 2y 滴，攪拌後得丁液。

(5) 同樣將乙液分成約等量的兩杯。在其中的一杯加入 3% 的雙氧水 x 滴，攪拌後得戊液，而另一杯則加入 1M 的鹽酸 2y 滴，攪拌後得己液。

上面敘述的實驗流程，用簡略的示意圖表示如下：

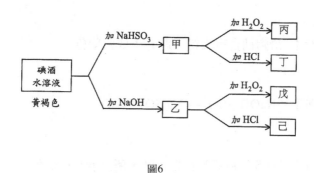

圖6

28. 試問下列哪些溶液呈現黃褐色？(3分)

(A) 乙　　　　　　(B) 丙　　　　　　(C) 丁

(D) 戊　　　　　　(E) 己

29. 在碘酒的水溶液，加入亞硫酸氫鈉溶液後，反應所得的生成物中含有下列哪些粒子？（只選兩項，3分）

(A) I_2　　　　　　(B) I^-　　　　　　(C) IO_3^-

(D) SO_3^{2-}　　　　(E) SO_4^{2-}

30. 試問乙液中含有下列哪些粒子？（只選兩項，3分）

(A) I_2　　　　　　(B) I^-　　　　　　(C) IO_3^-

(D) SO_3^{2-}　　　　(E) SO_4^{2-}

九十二年度指定科目考試化學科試題詳解

壹、單一選擇題

1. **E**
   【解析】 清粥裡含有澱粉，遇 I_2 生成藍紫色。

2. **B**
   【解析】 $2NaOH + SO_2 \rightarrow Na_2SO_3 + H_2O$

3. **E**
   【解析】 Na_2SO_3 爲弱鹼性之正鹽，所以 pH 值大於 7。

4. **C**
   【解析】 氧化數改變： 甲 $+5 \rightarrow +4$
   　　　　　　　　　　乙 $+5 \rightarrow +2$
   　　　　　　　　　　丙 $+5 \rightarrow -3$
   　　　　　　　　　　丁 $+5 \rightarrow 0$　所以丙丁乙甲。

5. **E**
   【解析】 門得列夫只依原子量排出初步之週期表，尚未提出原子序。

6. **D**
   【解析】 逐步加入水時，因爲一開始全部汽化，所以呈正比圖形。
   　　　　然因 $PV = nRT$
   $$P \cdot 1 = \frac{1}{18} \cdot 0.082 \cdot (273 + 100)　P = 1.699 > 1$$
   　　　　而 $100°C$ 時水的飽和蒸氣壓即爲 $1atm$
   　　　　所以會有液態水生成，壓力不再上升。

7. **A**

【解析】 依氧化當量相等計算，$NO_2 \to N_2$（$+4 \to 0$），

$NO \to N_2$（$+2 \to 0$）

$NH_3 \to N_2$（$-3 \to 0$），

設 NO_2 有 X 升，NO 有 3－X 升

$4X+(3-X) \cdot 2 = 3.3$　∴X＝1.5

因此 $NO : NO_2 = 1.5 : 1.5 = 1 : 1$

8. **B**

【解析】 $\pi = iC_MRT$

$= 2 \times 0.1 \times 0.082 \times (273 + 27) = 4.92$(atm)

∵1atm 可撐起水柱 1033.6cm，

∴$4.92 \times 1033.6 = 5085.3$

約為 50 公尺

9. **A**

【解析】 選土壤與植物細胞滲透壓差值最大的，

∵C_M 皆為 0.01，∴比 i 值取最低值

A　i＝2　　$(Ca^{2+} + SO_4^{2-})$

B　i＝3　　$(2NH_4^+ + SO_4^{2-})$

C　i＝3　　$(2Na^+ + SO_4^{2-})$

D　i＝3　　$(Ca^{2+} + 2NO_3^-)$

E　i＝3　　$(Ca^{2+} + 2C\ell^-)$

10. **D**

【解析】

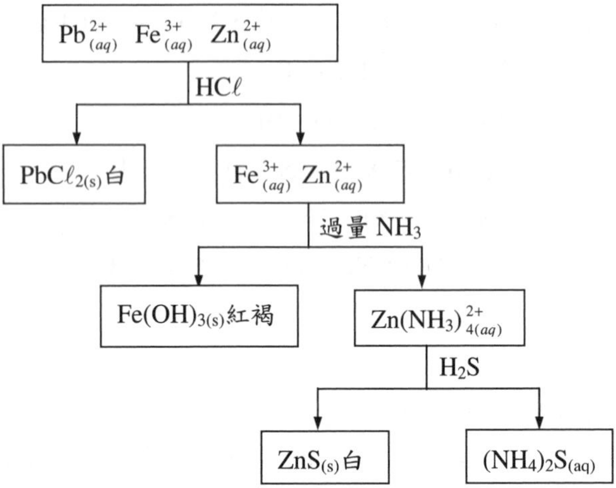

11. **C**

【解析】依原子半徑大小，同週期愈右愈小，∴C＞N＞O＞F

∴鍵長 CH_4＞NH_3＞H_2O＞HF

又 F 之半徑＞H 之半徑，∴HF＞H_2

12. **E**

【解析】Cr 原為

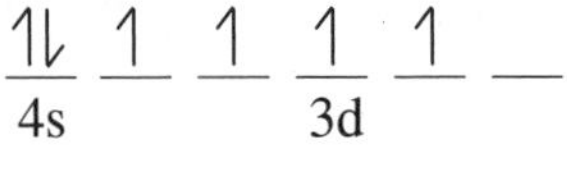

但因半滿優先，∴

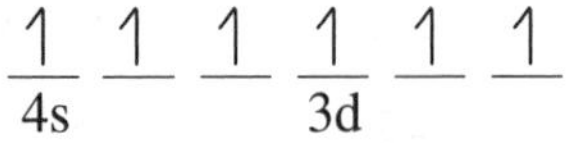

13. **D**

【解析】A 在晶格內有 1 個，

B 在角落，∴$8 \times \dfrac{1}{8} = 1$(個)

X 在邊上，$12 \times \dfrac{1}{4} = 3$(個)　　∴$ABX_3$

14. **C**

【解析】a 到 AO 線上，爲氣態，符合 PV＝nRT，PV 成反比

AO 線上，氣體變液體，體積縮小，呈垂直線；

AO 線上到 b，爲液體，液體體積幾乎不受壓力影響

∴呈水平線。

15. **A**

【解析】

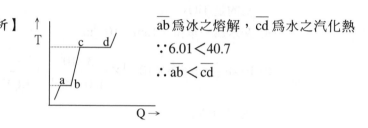

$\overline{ab}$ 爲冰之熔解，$\overline{cd}$ 爲水之汽化熱

∵6.01＜40.7

∴$\overline{ab}$＜$\overline{cd}$

16. **D**

【解析】加入 $50m\ell$ 0.01 M $HC\ell_{(aq)}$ 時，達當量點，設 M 爲

NaQ 之濃度，$0.01 \times 50 \times 10^{-3} ＝ M \times 50 \times 10^{-3}$，

M＝0.01 加入 $30m\ell$ 0.01M $HC\ell_{(aq)}$ 時，溶液爲緩衝

溶液，此時$[H^+]＝Ka\dfrac{酸之mol數}{鹽之mol數}$

$10^{-8}＝K_a\dfrac{30 \times 10^{-3} \times 0.01}{(50-30) \times 10^{-3} \times 0.01}$

∴$K_a＝\dfrac{2}{3} \times 10^{-8}$，選(D)。

17. **D**

【解析】(A) 由還原電位可知，漂白劑的氧化力最弱。

(B) 雙氧水在酸、中、鹼性中皆可反應

(C) 空氣中 O_2 佔 20%，並不低，不過含氧量和氧化力無直接關係。

(E) 可能生成 $C\ell_2$，對人體有害。

18. **C**

【解析】 (A) $\cdot\overset{\cdot\cdot}{\underset{\cdot\cdot}{O}}:H$ 傾向再得一顆 e^-，雖為還原劑但分解污染物的是 TiO_2

(B) 奈米為一單位，$1nm = 10^{-9}m$

(C) $E = h\dfrac{c}{\lambda} = 6.626 \times 10^{-34} \times \dfrac{3\times 10^8}{400\times 10^{-19}} \times \dfrac{1}{1.602\times 10^{-19}}$

$= 3.1(eV)$

(D) 光觸媒需照光才有分解消毒效果

(E) 自由基有孤電子，$\therefore$ 不為八隅體

19. **E**

【解析】 (A) 既為氧化還原反應，必定有電子轉移，產生電壓。

(B) 銀棒得 e^-，因此為陰極

(C) 由題意，$AgC\ell \rightarrow Ag + C\ell$，銀的氧化數下降 1，
$\therefore AgC\ell$ 被還原。

(D) Cu^+ 被氧化成 Cu^{2+}

(E) 電子由 B 流向 A

20. **D**

【解析】 由題意，回復澄清端為生成物端，所以一定會有 $AgC\ell$ 和 Cu^+。

再者，因為奈米級的 Ag 沒有按晶型排列，呈黑色，因此反應端必有 Ag 存在。

貳、多重選擇題

21. **B E**
　　【解析】　酒精可以和水任意比例互溶，丙酮的氧可提供形成氫鍵所需之孤對電子，故可溶於水。

22. **A B**
　　【解析】　$2Na_{(s)} + 2H_2O_{(\ell)} \rightarrow H_{2(g)} + 2NaOH_{(aq)}$
　　　　　　$2NaH_{(s)} + 2H_2O_{(\ell)} \rightarrow 2H_{2(g)} + 2NaOH_{(aq)}$

23. **A C**
　　【解析】　溶於水呈鹼性的物質才可使紅色石蕊試紙變藍色，所以有 Na，NaH，NaOH。

24. **C D**
　　【解析】

依第一式，$H_3C-\overset{\overset{OH}{|}}{\underset{\underset{H}{|}}{C}}-\overset{\overset{OH}{|}}{\underset{\underset{H}{|}}{C}}-\overset{\overset{OH}{|}}{\underset{\underset{H}{|}}{C}}-CH_3$ 生成 $CH_3-\overset{\overset{O}{||}}{C}=H$ 和 $H-\overset{\overset{O}{||}}{C}-\overset{\overset{OH}{|}}{\underset{\underset{H}{|}}{C}}-CH_3$

依第二式，$H-\overset{\overset{O}{||}}{C}-\overset{\overset{OH}{|}}{\underset{\underset{H}{|}}{C}}-CH_3$ 生成 $H-\overset{\overset{O}{||}}{C}-OH$ 和 $H-\overset{\overset{O}{||}}{C}-CH_3$

25. **C D**
　　【解析】　$C_2O_4^{2-}$ 加熱可生成 CO_2，含結晶水之化合物加熱可釋出 $H_2O_{(g)}$

26. **A B D E**

　　【解析】　由題意，可知有氧化數之變動，依鐵之價數可知可

　　　　　　　能有 0，+2，+3，故可爲 Fe、FeO、Fe_2O_3、

　　　　　　　$[2FeO \cdot FeO_2](Fe_3O_4)$

27. **A**

　　【解析】　Fe 粉末落下時會行氧化反應，會有火花生成。

28. **B E**

　　【解析】

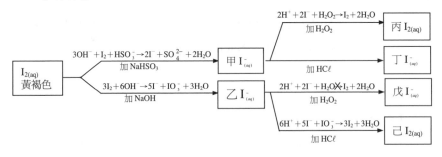

　　　　　　　依題意，乙→戊的過程有加入 $NaOH_{(aq)}$，在鹼性環境

　　　　　　　下，H_2O_2 的氧化力不足，故不生成 I_2，所以不呈黃褐色。

29. **BE**

　　【解析】　$3OH^- + I_2 + HSO_3^- \rightarrow 2\underline{I^-} + \underline{SO_4^{2-}} + 2H_2O$

30. **BC**

　　【解析】　$3I_2 + 6OH^- \rightarrow 5\underline{I^-} + \underline{IO_3^-} + 3H_2O$

九十二學年度指定科目考試（化學）

大考中心公佈答案

題　號	答　　案	題　號	答　　案
1	E	16	D
2	B	17	D
3	E	18	C
4	C	19	E
5	E	20	D
6	D	21	BE
7	A	22	AB
8	B	23	AC
9	A	24	CD
10	D	25	CD
11	C	26	ABDE
12	E	27	A
13	D	28	BE
14	C	29	BE
15	A	30	BC

九十二學年度指定科目考試
各科成績標準一覽表

科　　目	高　標	均　標	低　標
國　　文	63	50	38
英　　文	60	39	18
數　學　甲	60	43	25
數　學　乙	52	34	17
化　　學	48	32	16
物　　理	50	31	12
生　　物	63	46	29
歷　　史	51	36	22
地　　理	73	57	41

※ 以上三項標準係依各該科全體到考考生成績計算，且均取整數〔小數只捨不入〕，各標準計算方式如下：

高標：該科前百分之五十考生成績之平均。

均標：該科全體考生成績之平均。

低標：該科後百分之五十考生成績之平均。

九十一年大學入學指定科目考試試題
化學考科

說明：下列資料，可供回答問題之參考

一、元素週期表（1～36號元素）

1 H 1.0																	2 He 4.0
3 Li 6.9	4 Be 9.0											5 B 10.8	6 C 12.0	7 N 14.0	8 O 16.0	9 F 19.0	10 Ne 20.2
11 Na 23.0	12 Mg 24.3											13 Al 27.0	14 Si 28.1	15 P 31.0	16 S 32.1	17 Cl 35.5	18 Ar 40.0
19 K 39.1	20 Ca 40.1	21 Sc 45.0	22 Ti 47.9	23 V 50.9	24 Cr 52.0	25 Mn 54.9	26 Fe 55.8	27 Co 58.9	28 Ni 58.7	29 Cu 63.5	30 Zn 65.4	31 Ga 69.7	32 Ge 72.6	33 As 74.9	34 Se 79.0	35 Br 79.9	36 Kr 83.8

二、理想氣體常數 $R = 0.0820$ L atm $K^{-1}mol^{-1} = 8.31$ J $K^{-1}mol^{-1}$

三、指示劑變色範圍的 pH 值

指示劑名稱	變色範圍 pH 值
甲基紅	4.8-6.0
溴瑞香草酚藍	6.0-7.6
酚酞	8.2-10.0

壹、單一選擇題（30％）

說明：第 1 至 10 題，每題選出最適當的一個選項，標示在答案卡之
　　　「選擇題答案區」上。每題答對得 3 分，答錯倒扣 1/3 題分，
　　　未作答者，不給分亦不扣分。

1. 下列有關酚、苯及甲苯沸點高低的排序何者正確？
　(A) 酚＞苯＞甲苯　　　　　　　(B) 甲苯＞苯＞酚
　(C) 苯＞酚＞甲苯　　　　　　　(D) 酚＞甲苯＞苯

2. 將各為 1.0 莫耳的 $Ba(OH)_2$、$NaOH$、$BaSO_4$ 及 Na_2SO_4 固體，分別
　置入 1.0 升的水中。試問那一個溶液之蒸氣壓最高？
　(A) $Ba(OH)_2$　　(B) $NaOH$　　(C) $BaSO_4$　　(D) Na_2SO_4

3. 在氯化鈉結晶格子中，每一個氯離子周圍，有六個最靠近的鈉離子，
　而每一個鈉離子周圍，也有六個最靠近的氯離子。試問每一個氯離
　子周圍最靠近的氯離子應有幾個？
　(A) 6　　　　　(B) 8　　　　　(C) 10　　　　　(D) 12

4. 有一烷類化合物，完全燃燒後會產生 9 升的二氧化碳及 10 升的水蒸
　氣，則下列何者為此化合物最有可能的分子式？
　(A) C_7H_{16}　　　(B) C_8H_{18}　　　(C) C_9H_{20}　　　(D) $C_{10}H_{22}$

5. 如圖 1 之玻璃管，口徑為 0.50 公分。於 25 °C，
　一大氣壓時，已知左方玻璃管上方密閉空間中
　的氣體為氦氣，其體積為 5 毫升，此時左右玻
　璃管中之汞柱高度差為 14 公分。假設氦氣可
　視同理想氣體，今在右方開口處加入一些汞，
　使得最終左右汞柱高度差為 24 公分。試問此
　時氦氣的體積為若干毫升？
　(A) 2.9　　　　　　　　　　(B) 3.5
　(C) 4.5　　　　　　　　　　(D) 4.9　　　　　圖 1

6. 有一暖暖包內含 100 毫升的水，暖暖包中另有一塑膠袋子，內裝有
   40 克氯化鈣。使用時稍為用力敲打暖暖包，使其中之塑膠袋破裂，
   讓水與氯化鈣混合。已知氯化鈣的溶解熱為 – 82.8 kJ/mol，而水的
   比熱為 4.20 $Jg^{-1}K^{-1}$。假設氯化鈣的比熱甚小可以忽略，而氯化鈣
   溶解所釋出的熱量，完全由 100 毫升的水所吸收。若在阿里山上，
   取出一個 5 ^{o}C 的暖暖包打開使用，試問該暖暖包的溫度最高可升
   到幾 ^{o}C？
   (A) 36　　　　(B) 51　　　　(C) 76　　　　(D) 91

7. 已知笑氣 N_2O 分解生成 N_2 和 O_2 為一級反應，其半衰期為 t。若將
   8 大氣壓的 N_2O 置於一固定體積及溫度的容器中，試問經過 t 時間
   後，此係之總壓力變為幾大氣壓？
   (A) 4　　　　(B) 8　　　　(C) 10　　　　(D) 12

8. 某單質子酸 HA，在不同比例之 $[A^-]/[HA]$ 水溶液中的 pH 值如
   圖 2 所示，則此酸之 K_a 值為何？
   (A) 5×10^{-6}　　(B) 2×10^{-5}　　(C) 2×10^{-4}　　(D) 5×10^{-4}

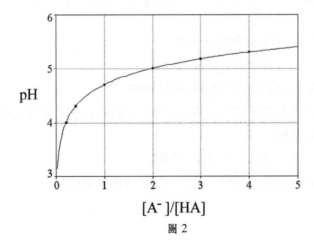

圖 2

9. 分子式為 C_4H_8 的化合物具有許多同分異構物，這些異構物可能屬於下列那些類別？

(A) 烷類、烯類

(B) 烯類、炔類

(C) 炔類、烷類

(D) 芳香類、烷類

10. 下列那個化合物，在 pH 4 之水中的溶解度，明顯高於其在中性之水中的溶解度？

(A) BaF_2 (B) $PbSO_4$

(C) AgI (D) Hg_2Cl_2

貳、多重選擇題（52％）

說明：第 11 至 23 題，每題各有 5 個選項，其中至少有一個是正確的，選出正確選項，標示在答案卡之「選擇題答案區」上。各選項獨立計分，每答對一個選項，可得 1/5 題分，完全答對得 4 分，每答錯一個倒扣 1/5 題分；未作答者，不給分亦不扣分。

11. 下列有關材料的敘述何者正確？

(A) 尼龍是由苯乙烯聚合而成

(B) 銅的氧化物可以作為製備超導體的原料

(C) 金剛石與石墨是碳的同素異形體，金剛石具網狀結構而石墨具層狀結構

(D) 玻璃為含二氧化矽的結晶性固體

(E) 奈米材料是指像米粒一般大小的顆粒所構成的材料

<u>12-14 題為題組</u>

　　自從工業上發展出氨的哈柏法製程之後，農業肥料有了比較充足的供應，人類的糧食問題也因之大獲疏解。磷與氮在週期表上同屬一族，而磷在空氣中充分燃燒可得氧化磷（實驗式為 P_2O_5），若在空氣不充分下氧化，則得另一種白色晶體。

12. 下列有關氮與磷的物質中，那些在常溫常壓時固態的？
　　(A) N_2O_5 　　　　　(B) P_2O_5 　　　　　(C) NH_4Cl
　　(D) P_4 　　　　　(E) N_2H_4

13. 下列有關氮與磷物質的敘述，何者正確？
　　(A) 磷在空氣不足的條件下氧化，所得晶體為 P_4O_6
　　(B) P_4O_6 溶於水中即得磷酸
　　(C) P_2O_5 可當乾燥劑使用
　　(D) K_2HPO_4 與 NH_4Cl 中，氮與磷的氧化數相同
　　(E) 磷可用 3d 軌域參與鍵結，而氮卻不可

14. 哈柏法製氨：$N_{2(g)} + 3\,H_{2(g)} \rightleftarrows 2\,NH_{3(g)} + 92\ kJ$ 反應中，用催化劑 Fe_2O_3 在約 $500\ ^{\circ}C$ 下進行反應。有關此一反應，下列敘述何者正確？
　　(A) 反應中，催化劑會使向右反應的反應速率增加
　　(B) 反應中，催化劑會使向左反應的反應速率增加
　　(C) 反應中，催化劑會使向右及向左反應的活化能皆降低
　　(D) 在高溫反應的主要目的是為使平衡向右移動
　　(E) 反應達平衡時，加高壓力會使平衡向右移動

15. 某元素 X 所形成的五種氣體化合物，在常溫常壓時，每 24.5 升的重量及其中所含 X 的重量百分比如表一。

表一

化合物	重量（克）	含 X 的重量百分比（％）
甲	60	80
乙	44	82
丙	44	27
丁	30	80
戊	16	75

基於原子學說的模型及本實驗的結果，X 的原子量有多種可能，試問 X 的原子量可能為何？

(A) 3　　　(B) 6　　　(C) 8　　　(D) 12　　　(E) 16

16. 下列有關水的敘述何者正確？

(A) 用碘化銀進行人造雨，是因為其結構與冰的晶體相似

(B) 在 0 °C 時，固態的密度較液態的低，是因為氫鍵的關係

(C) 離子交換樹脂可用於海水淡化

(D) 含有鉀離子及鈉離子的水稱為暫時硬水

(E) 一般雨水的 pH 值為 7

17. 將 1.0 莫耳的醋酸溶於 10 毫升的重水中，試問在此溶液中會有那些化合物存在？

(A) CH_3COOH　　　(B) CH_3COOD　　　(C) D_2O

(D) H_2O　　　(E) HOD

18. 已知 $C_3H_{8(g)}$、$CO_{2(g)}$和 $H_2O_{(l)}$之標準莫耳生成熱分別為 –23、–94 及 –68 仟卡，則下列敘述何者正確？
   (A) 每莫耳丙烷完全燃燒需消耗 5 莫耳氧氣
   (B) 石墨之標準莫耳燃燒熱為 +94 仟卡
   (C) 氫氣之標準莫耳燃燒熱為 –34 仟卡
   (D) 丙烷之標準莫耳燃燒熱為 –531 仟卡
   (E) 鑽石與石墨之莫耳燃燒熱相同

19. 下列有關第一列過渡元素（原子序 21 至 30）性質的敘述何者正確？
   (A) 都是金屬
   (B) 都能和稀鹽酸作用產生氫氣
   (C) 都有兩種以上不同氧化數之穩定化合物
   (D) 其 4s 軌域皆有價電子
   (E) 比重都比水大

20. 假設 A、B、C 為三種理想氣體，在一密閉容器中，此三種氣體在 25 °C 時之初濃度及平衡濃度值如表二。

表二

化合物	A	B	C
初濃度（mol / L）	0.1	0.2	0
平衡濃度（mol / L）	0.05	0.05	0.1

試問下列敘述何者正確？
   (A) 若有 1 莫耳 A 與 3 莫耳 B 完全反應，則可生成 2 莫耳 C
   (B) 若平衡反應式為 1/2A + 3/2B ⇌ C，則其在 25 °C 之濃度平衡常數為 40
   (C) 此一反應平衡時，B 氣體之分壓為 A 之 3 倍
   (D) 此一反應平衡時，氣體 C 之莫耳分率為 1/3
   (E) 此一反應平衡時，系統之總壓力為 4.9 大氣壓

21. 下列有關原子的敘述，何者正確？
    (A) 碳原子在基態時的電子組態，有四個未配對電子
    (B) 鉀原子的第一游離能比鈣原子的第一游離能低
    (C) 硫的原子半徑比鋁的原子半徑小
    (D) 氯原子的電負度比氟原子的電負度大
    (E) 錳原子的 d 軌域中有五個電子

22. 圖 3 中列出了一些實驗室使用的玻璃器材及裝置，下列敘述何者正確？
    (A) 硝酸銀的標準溶液不可以用透明玻璃瓶儲存
    (B) 滴定的結果如甲所示，由此所讀取的讀數為 24.50 毫升
    (C) 正確的蒸餾裝置如乙所示
    (D) 測量溶液溫度時，以溫度計一面攪拌使其均勻，一面測量讀取其溫度
    (E) 指示劑酚酞適用於 NaOH 對 CH_3COOH 的酸鹼滴定

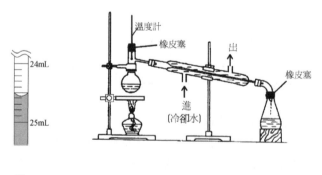

甲　　　　　　　　　　　　乙

圖 3

23. 圖 4 為某分子之結構：

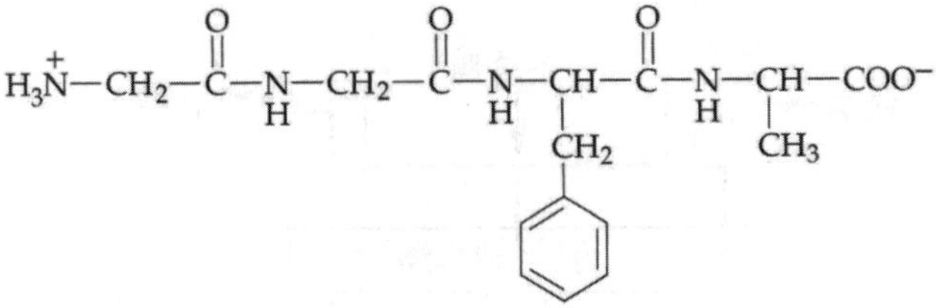

圖 4

下列有關該分子之敘述何者正確？

(A) 此分子含有四個胺基酸

(B) 此分子完全水解後可得四種胺基酸

(C) 此分子有十個碳原子具 sp^2 混成軌域

(D) 此分子有三種官能基可以和三級胺形成氫鍵

(E) 此圖所示為一個三肽分子

參、非選擇題（18％）

說明：依題序（一、二、三）及小題號（1,2,…）的順序在化學科「答案卷」上作答，不必抄題，但要標明題號。答案為化學反應式時，必須平衡係數，計算題務必寫出計算過程，最後答案應連同單位劃線標出。

一、有 2.0 克由 $BaO_{(s)}$ 及 $CaO_{(s)}$ 所組成的混合物，將其置於 1.5 升的瓶中，溫度為 $27.0\,^\circ C$，且瓶中含有 760 毫米汞柱壓力的二氧化碳氣體。當混合物完全反應之後，生成 $BaCO_{3(s)}$ 及 $CaCO_{3(s)}$，瓶中二氧化碳氣體的壓力變為 380 毫米汞柱。試問：

1. 二氧化碳消耗的莫耳數。（2分）

2. 原先該混合物中 $BaO_{(s)}$ 之重量百分比為何？（2分）

（原子量：Ba = 137）

二、 圖5是鹼氯工業中電解氯化鈉水溶液的一種裝置示意圖：

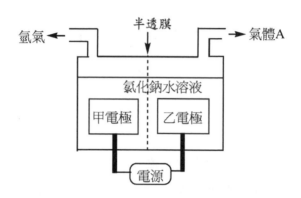

圖5

1. 寫出在甲電極發生的平衡半反應式。（2分）

2. 電解槽中乙電極一邊產生的氣體 A 為何？電解後，乙電極附近之水溶液會呈現酸性或鹼性？（2分）

3. 氣體 A 之水溶液可形成漂白水，寫出其平衡化學反應式。（2分）

三、 在溶液凝固點下降的測定實驗中，選用了環己烷當作溶劑，並分成三組進行實驗。實驗數據如表三所示：

表三

組別	化合物	稱取重量	環己烷重量	溶液凝固點
第一組	萘	1.92 克	100 克	3.4 ^{o}C
第二組	樟腦	1.52 克	100 克	4.4 ^{o}C
第三組	碘	1.91 克	100 克	4.9 ^{o}C

（分子量：環己烷 84；萘 128；樟腦 152；碘 254 環己烷的比重為 0.78）

試根據這些實驗數據回答下列問題。

1. 求出萘溶液的重量莫耳濃度。（2分）

2. 利用上述三組實驗數據，經過適當計算處理，將其結果，以
   濃度為橫座標，溫度為縱座標，繪入答案卷的方格紙中。
   （2分）

3. 在上圖中，標示出環己烷的正常凝固點的位置，並寫出其溫
   度為幾 ^{o}C？（2分）

4. 求出環己烷的凝固點下降常數 K_f？（2分）

九十一年度指定科目考試化學科試題詳解

壹、單一選擇題

1. D

【解析】∵　　　　有氫鍵

∴ bp：酚＞甲苯＞苯

2. C

【解析】蒸氣壓最高，找 i 最小

∴ $BaSO_{4(s)}$ 不溶於水（溶解度差）

3. D

【解析】
$$\left.\begin{array}{l}\text{上 }4\\ \text{中 }4\\ \text{下 }4\end{array}\right\}\text{共 12 個}$$

4. C

【解析】$C_xH_y + O_2 \rightarrow 9CO_2 + 10H_2O$

∴ $x : y = 9 : 20$

$\Rightarrow C_9H_{20}$

5. C

【解析】
$$P_1 = 76 + 14 = 90 \qquad V_1 = 5$$
$$P_2 = 76 + 24 = 100 \qquad V_2 = x \qquad \Rightarrow \qquad P_1V_1 = P_2V_2$$
$$x = 4.5 \qquad\qquad\qquad\qquad\qquad\quad 90 \times 5 = 100 \cdot x$$

6. **C**

【解析】 $H：ms\Delta T$

$$\frac{40}{111}\times 82.8\times 10^3\times\frac{1}{4.2}=100\times 1\times\Delta T$$

$$\therefore\Delta T=71\quad\Rightarrow T=76\,^{\circ}C$$

7. **C**

【解析】 一級反應 $\Rightarrow$ 等比

$$N_2O\rightarrow N_2+\frac{1}{2}O_2$$

$$\begin{array}{ccc} 8 & & \\ -4 & & \\ \hline 4 & 4 & 2atm \end{array}$$

$$\therefore P_{總}=4+4+2=10\ atm$$

8. **B**

【解析】 $[H^+]=K_a\times\dfrac{[HA]}{[A^-]}$

$$10^{-5}=K_a\times\frac{1}{2}\quad\Rightarrow K_a=2\times 10^{-5}$$

9. **A**

【解析】 不飽和鍵：$\dfrac{4\times 2+2-8}{2}$

$$=1\Rightarrow\begin{cases} 1\,\pi\rightarrow 烯 \\ 1\,環\rightarrow 環烷 \end{cases}$$

10. **A**

【解析】 $F^-+H_2O\rightleftharpoons H^-F+OH^-$

H^+增加，方程式往右

$\therefore$ 溶解度增加

貳、多重選擇題

11. **B C**

【解析】(A) 尼龍由己二醯氯與己二胺縮合聚合。

(D) 玻璃爲非結晶性固體。

(E) 奈米材料爲粒子大小爲 nm 等級的材料。

12 － 14 題爲題組

12. **B C D 或 A B C D**

【解析】(A) N_2O_5：氣態

(E) N_2H_4：肼氣態

13. **A C E**

【解析】(B) $P_4O_6 + 6H_2O \rightarrow 4H_3PO_3$

(D) K_2HPO_4（＋5）

NH_4Cl　（－3）

14. **A B C E**

【解析】(D) $T\uparrow$平衡往左（溫度升高往吸熱方向進行）

15. **A B D**

【解析】$60 \times 0.8 = 48$

$44 \times 0.82 \fallingdotseq 36$

$44 \times 0.27 \fallingdotseq 12$　}　找公因數 3 , 6 12

$30 \times 0.8 = 24$

$16 \times 0.75 = 12$

∴ 選 ABD

16. **A B C**

　【解析】(D) 暫時硬水：C_a^{2+}, Mg^{2+}

　　　　　(E) 雨水：pH≈6.5（＜7）

17. **A B C D E**

　【解析】H 與 D 可互換　∴ 都有可能

18. **A D**

　【解析】(B) $C + O_2 \rightarrow CO_2$　　$\Delta H = -94$

　　　　　(C) $H_2 + \dfrac{1}{2}O_2 \rightarrow H_2O$　　$\Delta H = -68$

　　　　　(E) 不同（∵ 狀態不同）

19. **A D E**

　【解析】(B) Cu 與 HCl　無法產生 H_2（不反應）

　　　　　(C) S_c 僅有 +3 價

20. **A B E**

　【解析】$A + 3B \rightleftharpoons 2C$

　　　　　(C) $P_B = P_A$

　　　　　(D) $X_C = \dfrac{1}{2} = 0.5$

21. **B C E**

　【解析】(A) $C : 1S^2 2S^2 2P^2$

　　　　　　2 個不成對

　　　　　(D) F 電負度大於 Cl

　　　　　　⑷　　　　　⑶

22. **A E**

【解析】 (B) 讀數為：24.60ml

(C) 圓底瓶應平放在架上

(D) 不可用溫度計攪拌

23. **A C**

【解析】 (B) 得 3 種胺基酸：

$$H_2N - CH_2 - \overset{\overset{\displaystyle O}{\|}}{C} - OH$$

$$H_2N - \underset{\underset{\displaystyle \bigcirc}{\underset{\displaystyle |}{CH_2}}}{CH} - \overset{\overset{\displaystyle O}{\|}}{C} - OH$$

$$H_2N - \underset{\underset{\displaystyle CH_3}{|}}{\overset{\overset{\displaystyle H}{|}}{C}} - \overset{\overset{\displaystyle O}{\|}}{C} - OH$$

(D) 二種官能基　$NH_2 -$

$$- \overset{\overset{\displaystyle O}{\|}}{C} -$$

(E) 為四肽分子

參、非選擇題

一、【解答】 (1) PV = nRT

$$\frac{760-380}{760} \times 1.5 = n_{CO_2} \times 0.082 \times 300$$

$$\therefore n_{CO_2} \fallingdotseq 0.03 \ (mol)$$

(2) $BaO + CO_2 \rightleftarrows BaCO_3$　　　$CaO + CO_2 \rightleftarrows CaCO_3$

$\dfrac{x}{153}$　　　　　　　　　$\dfrac{2-x}{56}$

消耗 CO_2 mol 數 $= BaO + CaO$

$\therefore \dfrac{x}{153} + \dfrac{2-x}{56} = 0.03$　　　$\therefore x = 0.5$ (g)

$\therefore BaO\% = \dfrac{0.5}{2} = 25\%$

二、【解答】(1) $2H_2O + 2e^- \rightarrow H_2 + 2OH^-$

(2) $A : Cl_2$

酸性

(3) $Cl_2 + H_2O \rightarrow HCl + HClO$

三、【解答】(1) $m_{泰} = \dfrac{\dfrac{1.92}{128}}{0.1} = 0.15$ (m)

(2)

(3) 設凝固點：x

$x - 3.4 = K_f \times \dfrac{\dfrac{1.92}{128}}{0.1}$

$x - 4.4 = K_f \times \dfrac{\dfrac{1.52}{152}}{0.1}$

$\therefore x = 6.4$（代入求 K_f）

(4) $\Rightarrow K_f = 20$

九十一學年度指定科目考試（化學）
大考中心公佈答案

題　號	答　案	題　號	答　案
1	D	16	ABC
2	C	17	ABCDE
3	D	18	AD
4	C	19	ADE
5	C	20	ABE
6	C	21	BCE
7	C	22	AE
8	B	23	AC
9	A		
10	A		
11	BC		
12	BCD 或 ABCD		
13	ACE		
14	ABCE		
15	ABD		

九十一學年度指定科目考試
各科成績標準一覽表

科　　目	高　標	均　標	低　標
國　　文	52	43	33
英　　文	55	36	18
數學甲	62	45	27
數學乙	65	46	26
化　　學	55	35	16
物　　理	30	17	5
生　　物	58	42	26
歷　　史	61	47	33
地　　理	66	53	40

※ 以上三項標準係依各該科全體到考考生成績計算，且均取整數(小數只捨不入)，各標準計算方式如下：

高標：該科前百分之五十考生成績之平均。

均標：該科全體考生成績之平均。

低標：該科後百分之五十考生成績之平均。

心得筆記欄

心得筆記欄

心得筆記欄

歷屆指考化學科試題詳解

主　　　編 / 王　宇

發 行 所 / 學習出版有限公司　　　☎ (02) 2704-5525

郵 撥 帳 號 / 0512727-2 學習出版社帳戶

登 記 證 / 局版台業 2179 號

印 刷 所 / 裕強彩色印刷有限公司

台 北 門 市 / 台北市許昌街 10 號 2 F　　☎ (02) 2331-4060

台灣總經銷 / 紅螞蟻圖書有限公司　　　☎ (02) 2795-3656

美國總經銷 / Evergreen Book Store　　☎ (818) 2813622

本公司網址　www.learnbook.com.tw

電 子 郵 件　learnbook@learnbook.com.tw

售價：新台幣一百八十元正

2012 年 5 月 1 日初版

ISBN 978-986-231-162-2
版權所有 · 翻印必究